VIVA MELHOR
com o adolescente

VIVA MELHOR
com o adolescente

organização _**Sylvie Angel**
prefácio _**Laura Bacellar**
redação de novos capítulos e comentários _**Claudio Picazio**
redação do capítulo sobre drogas _**Marcelo Sodelli**
tradução de capítulos do francês _**Luiza Silveira e Fernando Murat**
ilustrações _**Soledad Bravi**

LAROUSSE
Cultura para todos

Título original em francês *Mieux vivre: mode d'emploi*
© Copyright 2002 by VUEF
© Copyright 2005 by Larousse do Brasil
Todos os direitos reservados.

EDIÇÃO BRASILEIRA
Gerente editorial **Soraia Luana Reis**
Assistente editorial **Adriana de Oliveira**
Redação de novos capítulos e comentários **Claudio Picazio**
Redação do capítulo sobre drogas **Marcelo Sodelli**
Tradução de capítulos do francês **Luiza Silveira** e **Fernando Murat**
Prefácio, edição e copidesque **Laura Bacellar**
Revisão **Maria Aparecida Bessana**
Capa e projeto gráfico **Raquel Matsushita**
Produção gráfica **Fernando Borsetti**

EDIÇÃO FRANCESA
Concepção do projeto **Jean-Christophe Tamisier**
Redação **Colette Gouvion**
Assistente editorial **Céline Poiteaux**
Direção de arte **Uli Meindl**

Dados Internacionais de Catalogação na Publicação (CIP)
(Câmara Brasileira do Livro, SP, Brasil)

Viva melhor com o adolescente / organizado por Sylvie Angel ; ilustrações Soledad ; tradução Luiza Silveira e Fernando Murat ; prefácio, novos capítulos e comentários Claudio Picazio. – São Paulo : Larousse do Brasil, 2005. – (Série Viva Melhor) Título original: *Mieux vivre : mode d'emploi*.
1. Adolescentes - Conduta de vida 2. Adolescentes - Relações familiares 3. Pais e adolescentes 4. Pais e filhos 5. Psicologia aplicada 6. Psicologia do adolescente I. Angel, Sylvie. II. Soledad. III. Picazio, Claudio. IV. Série.
05-0817 CDD-649.125

Índices para catálogo sistemático:
1. Adolescentes : Criação : Vida familiar 649.125
2. Adolescentes : Tratamento e orientação : Vida familiar 649.125

ISBN 2-03-501051-9
ISBN 85-7635-052-1
1ª edição brasileira: 2005

Direitos de edição em língua portuguesa, para o Brasil, adquiridos por
Larousse do Brasil Participações Ltda.
Rua Afonso Brás, 473, 16º andar São Paulo/SP CEP 04511-011
Telefone (11) 3044 1515 | Fax (11) 3044 3437
E-mail: info@larousse.com.br | Site: www.larousse.com.br

sumário

8   **PREFÁCIO** _Laura Bacellar

10   CAPÍTULO 1 _Claudio Picazio
DOS 11 AOS 14 ANOS: O INÍCIO DA ADOLESCÊNCIA

22   CAPÍTULO 2 _Claudio Picazio
DOS 15 AOS 21 ANOS: MAIS ADOLESCÊNCIA

32   CAPÍTULO 3 _Jean-Paul Bertrand
HERÓIS, ÍDOLOS E ESTRELAS

38   CAPÍTULO 4 _Jean-Paul Bertrand
COLEGAS E AMIGOS

42   CAPÍTULO 5 _Hubert Laplume
ESCREVER UM DIÁRIO

48   CAPÍTULO 6 _Claudio Picazio
MITOS SOBRE A ADOLESCÊNCIA

56 CAPÍTULO 7 _Claudio Picazio
EDUCAÇÃO PARA A CIVILIDADE

62 CAPÍTULO 8 _Marie-Lise Labonté
ESPELHO, ESPELHO MEU

70 CAPÍTULO 9 _Corinne Antoine
ANOREXIA E BULIMIA

78 CAPÍTULO 10 _Pierre Angel
CONDUTAS DE RISCO ENTRE ADOLESCENTES

84 CAPÍTULO 11 _ Claudio Picazio
GRAVIDEZ NA ADOLESCÊNCIA

90 CAPÍTULO 12 _Marcelo Sodelli
A COMPREENSÃO DO USO DE DROGAS

101 **AUTORES E COLABORADORES**

prefácio _Laura Bacellar

Adolescentes são arrogantes, difíceis, rebeldes. Envolvem-se com drogas, usam roupas rasgadas e fazem piercings em metade do corpo. Tatuam-se, bebem demais, transam com muitos parceiros e sem qualquer envolvimento. Querem ser sustentados pelos pais, não estudam, não lêem. Preocupam-se com roupas de marca e desfilar em shoppings ou, no outro extremo, caem na marginalidade na companhia de amigos perigosos.

São um tormento para os pais, que nunca sabem o que fazer. Que, aliás, nem têm o que fazer, visto que a adolescência só se resolve quando os jovens finalmente se transformam em adultos responsáveis, casados e empregados.

Mas será que tudo isso é verdade? Será que a mídia não exagera? Será que é mesmo necessário que pais e mães vejam com tanta ansiedade essa etapa da vida de seus filhos? Que se desesperem e temam tanto pelo pior?

Será que não existem modos bastante razoáveis de conviver com filhos que chegam à puberdade?

Este livro defende que sim, é perfeitamente possível conviver com adolescentes. É possível estabelecer limites, ter uma casa onde predomine o respeito, acompanhar com prazer o amadurecimento dos jovens.

É possível ir contra todos os mitos e expectativas referentes à adolescência e estabelecer uma relação próxima e de confiança com seus filhos.

O segredo está numa mudança de atitude. Esta sim é inevitável, pois se não for adotada pelos pais por bem, será imposta a eles com a brutalidade dos acontecimentos da natureza. Seus filhos agora se tornam capazes de pensar e decidir por conta própria. A busca do próprio caminho, da própria expressão, da própria forma de ver o mundo se impõe com toda a força de um crescimento saudável.

Entender o que está acontecendo e colaborar com estas mudanças facilita enormemente a experiência de ter filhos adolescentes sob o mesmo teto. Isto é o que indicam os psicólogos de várias especialidades reunidos neste volume, tanto franceses quanto brasileiros.

Comentando desde problemas corriqueiros como o crescimento repentino do corpo e a conseqüente falta de jeito até as experiências com drogas e álcool, passam pela desobediência, as respostas agressivas, o quarto bagunçado, os namoros e todo o cenário relacionado com a adolescência, fornecendo um panorama dessa etapa da vida.

Apesar de sempre acompanhado de dicas práticas e cotidianas, os artigos são principalmente um convite para a reflexão. Para que pais vejam de forma diferente a experiência de lidar com adolescentes, percam seus medos e embarquem junto na aventura de seres humanos em crescimento.

CAPÍTULO 1 _Claudio Picazio

DOS 11 AOS 14 ANOS: O INÍCIO DA ADOLESCÊNCIA

Há uma tendência de se classificar a adolescência como um processo de crise obrigatório entre infância e idade adulta. Muitos teóricos definem a adolescência como uma fase bem delimitada pela qual todos os jovens passam. Nem todo adolescente tem as vivências extremadas que a mídia e os livros nos obrigam a acreditar. Pais que já se apavoram por acharem que seus filhos, a partir dos onze anos, iniciarão uma batalha dentro de casa podem se acalmar...

CADA VEZ MAIS CEDO
Idade média da primeira relação sexual
Meninos: 14,1 anos
Meninas: 15,5 anos

Idade média do primeiro contato com drogas lícitas (álcool e tabaco)
Meninos e meninas: 13,7 anos

Idade média do primeiro contato com drogas ilícitas
Meninos e meninas: 14,8 anos

"Avaliação das ações de prevenção de DST-Aids e uso indevido de drogas nas escolas", pesquisa realizada pela Unesco, UNDCP, UNAIDS, CN-DST-AIDS em 2001.

Entendendo a adolescência como um processo de crescimento, veremos que ela é uma fase de transformação, similar àquela pela qual a pessoa passa durante a infância. A diferença principal é que, para muitos pais, a adolescência desperta medo. Os filhos começam a ter idéias e pensamentos próprios, autonomia de desejos e mais do que nunca questionam as posições dos pais em relação a quase tudo: política, afeto, autoridade.

Muitos pais sentem desconforto justamente por se verem obrigados a reavaliar seus valores, respeitar os valores dos filhos e perceber que não mais os controlam. Isso não significa que, como pais, não tenham autoridade e importância, mas agora sua autoridade precisa basear-se no diálogo, na confiança, na negociação de desejos e interesses. Ignorar essa necessidade e negar as transformações nos filhos é o que provoca a maioria dos famosos choques.

Algumas transformações são típicas da idade e costumam ser relacionadas como um percurso obrigatório. Como todo desenvolvimento humano, muito depende do indivíduo, das condições em que vive e da cultura à sua volta. Um adolescente de classe média de uma grande metrópole provavelmente vai passar por todas as etapas que se esperam dele. Já um adolescente que cresça num meio rural talvez não questione tanto sua posição e passe a trabalhar e assumir as responsabilidades do seu papel de adulto sem maiores conflitos. Portanto, a adolescência pode ser pensada muito mais como uma entidade cultural de nossa sociedade urbanizada do que uma necessidade do indivíduo.

Ainda assim, para os pais é útil compreender os aspectos mais comuns dessa fase, desde que não se assustem caso seus filhos fujam um pouco da "regra".

AS TRANSFORMAÇÕES FÍSICAS

Com onze ou doze anos, as meninas perdem as características da infância e começam a desenvolver o corpo de mulheres adultas. Em média, com treze anos, elas menstruam. Há duas ou três décadas, as meninas iniciavam a puberdade apenas com quinze anos de idade, mas acredita-se que, devido a fatores como a alimentação, os esportes, as expectativas sociais e o acesso à informação, o amadurecimento físico e psicológico está ocorrendo mais cedo. O estímulo para a maturidade é muito maior do que ocorria antigamente. Nossos pais e avós dizem que, com quinze anos, ainda brincavam com bonecas e carrinhos.

O senso comum é de que houve uma perda da inocência, um encurtamento da época dourada da infância feliz. Isso talvez não seja verdade. Hoje, a felicidade não é sentida tanto no estado infantil, mas na adolescência. Os jovens trocaram a inocência pela autonomia, as brincadeiras com bonecas pela sexualidade.

Os meninos iniciam a puberdade também por volta dos onze anos, mas seu corpo se modifica geralmente um pouco mais tarde, aos treze ou catorze anos. É nessa idade que a voz engrossa, pés e mãos crescem antes do resto do corpo, o órgão sexual cresce, chegando à maturidade aos dezessete anos.

Essa fase de crescimento intenso e modificações hormonais causa, tanto nas meninas quanto nos meninos, muita sonolência e aquele desajeitamento típico de quem ainda não se acostumou com as novas proporções do corpo.

Os pais precisam demonstrar paciência com as transformações e apontar as mudanças para seus filhos.

Com o início da puberdade, o organismo produz novos cheiros e secreções, que exigem uma higiene mais cuidadosa. Acne, por exemplo, pode ser resultado mais de falta de banho do que excesso de chocolate, porque a pele tornou-se mais oleosa e necessita de mais lavagens diárias.

TRANSFORMAÇÕES DA INTELIGÊNCIA

Com treze ou catorze anos, mais do que nunca, seus filhos terão idéias e conceitos próprios. Não necessariamente verdadeiros, mas que precisam ser respeitados porque o início da autonomia intelectual é importantíssimo para o ser humano.

As idéias nessa idade são mais sólidas do que durante a infância porque resultam de uma série de associações feitas a partir de conceitos conhecidos. A criança antes falava, por exemplo, que "João é legal porque joga bem futebol" e agora diz que "João é legal porque ele joga muito melhor do que todo mundo, mas não é fominha nem exibido. Eu acho isso mais bacana do que só jogar bem".

Os pais, ao conversarem com seus filhos, agora precisam explicar não só suas idéias como os valores em que se baseiam e de que forma chegaram a elas. Visto que os jovens têm capacidade para acompanhar os processos lógicos, torna-se mais convincente não se opor frontalmente a uma opinião, mas explicar as bases de uma posição diferente.

TRANSFORMAÇÕES PSICOLÓGICAS

É característica dessa idade fazer comparações, exceções e condições especiais. A descrição dos outros e a forma de ver o mundo já não são mais estanques como na infância, adquirindo diferentes graduações. A criança julga algo bom ou ruim, uma pessoa amiga ou não amiga. Um adolescente relativiza os valores e cria hie-

DIÁLOGO

Um menino chega em casa dizendo: "Os norte-americanos são o máximo porque eles têm o exército mais bem treinado do planeta. Eles têm mais é que jogar bomba nos caras que foram lá destruir os prédios deles." Ele depois continua com uma descrição entusiasmada de armamentos de última geração, sem dar qualquer atenção à expressão de horror de seus pais.

Não adianta gritar, o adulto vai ter de fazer o mesmo caminho dedutivo do filho para explicar seu conceito. "Sim, os norte-americanos têm de fato o melhor armamento e soldados bem treinados, porém eles declararam guerra e estão bombardeando um país que não foi o responsável pelo ataque a Nova York." O raciocínio pode seguir com um exemplo de terroristas brasileiros fazendo um ataque a Londres e nosso país inteiro pagar pelo delírio de um grupo pequeno. O grupo precisaria responder por seus atos, não uma população inteira de vários milhões.

Entender o processo dedutivo do filho e argumentar também com lógica estabelece contato e provoca uma possível transformação de conceitos equivocados.

TROCA-TROCA

Nessa idade, o comportamento sexual é principalmente exploratório. Assim, pais não devem considerar um indício de homossexualidade se percebem que os filhos fazem troca-troca com outros meninos ou as filhas treinam dar beijos na boca da amiga. O motor é a curiosidade, os limites, a vontade de conhecer o mundo adulto no qual anseiam entrar. Ainda não se trata da expressão de uma sexualidade definida.

rarquias. Uma pessoa pode ser amiga e outra, amiga íntima. Alguém é legal porque joga bem videogame mas só será elevado à condição de grande amigo se tiver outras características. O jovem agora julga comportamento, ética, personalidade e história de vida do outro.

Pais atentos percebem que, aos treze anos, seus filhos começam a mostrar os traços de personalidade que desenvolverão na vida. Aqui aparece a menina agressiva, o menino afetivo, um mais intolerante, outro evidentemente vaidoso. Os interesses intelectuais também começam a se esboçar. Esse é o momento de incentivar as características tidas como positivas e ajudar os filhos a lidar melhor com os traços tidos como negativos e que podem atrapalhá-los nas suas relações.

Um adolescente muito agressivo com os irmãos, por exemplo, vai precisar ouvir que bater não é a solução,

que é preciso mostrar respeito pelos outros, até que entenda a noção de ceder em prol da convivência.

Ao fazer comparações e hierarquizar relações, o jovem nesse início de adolescência cria conceitos para si mesmo. É talvez o primeiro momento da tomada de consciência sobre a individualidade de sua existência e a solidão que isso representa.

Juntamente com esse aspecto, por razões também biológicas, dos doze aos catorze anos há uma incidência enorme de depressão e declínio da auto-estima. Perceber-se crescendo, o corpo desarmônico, perdendo as vantagens da criança e ainda não tendo estabelecido uma imagem positiva de si próprio leva a uma insegurança sobre o lugar a ocupar no mundo. A família deixa de ser o centro do universo para ser substituída por uma sociedade que lhe parece ainda muito complicada, cheia de novos valores e hierarquias.

Os adolescentes mostram-se ansiosos para fazer parte desse mundo, querem ser atraentes e capazes, mas não se sentem instrumentalizados para tanto. Procuram ser aceitos pelas pessoas que admiram e superar o medo de transitar pelos novos territórios.

Este momento requer atenção dos pais, pois pesquisas demonstram que, em decorrência da depressão, da baixa auto-estima, da busca pela aceitação, muitos adolescentes experimentam drogas lícitas e ilícitas, alguns tornando-se viciados. Bebem imoderadamente nas festas para se desinibirem e superarem a vergonha de expressar seus desejos, experimentam estimulantes para poderem se atirar no desconhecido. Esta é a hora de falar sobre drogas com seus filhos e incentivar a escola a fazer programas e ações de prevenção.

Os pais precisam perceber quais as maiores dificuldades dos filhos ao lidar com o mundo e ajudá-los a conquistar um espaço seu, em lugar de tentar controlá-los e prendê-los em casa. É sábio incorporar os amigos à rotina da família, deixar os filhos viajarem com as famílias de seus colegas e convidá-los também para passeios. Permitir que os filhos freqüentem os espaços pelos quais têm interesse os ajuda no processo. Pais podem levá-los e buscá-los numa matinê de boate, por exemplo, mantendo sua autoridade ao estabelecer horários e limites. É importante, também, observar os hábitos do grupo com o qual seus filhos convivem. Impor regras destoantes pode deixá-los numa situação mais vulnerável do que acompanhar a maioria.

EMPATIA

Ao querer sair para o mundo e prestar atenção às pessoas em volta, o jovem desenvolve de forma mais evidente a empatia. A partir dos doze anos é comum ver a filha chorando porque a melhor amiga teve nota baixa numa prova, por exemplo. Parece exagerado para nós, e talvez seja, mas a capacidade de sentir pelo outro é importante nas relações, principalmente as afetivas. Com o tempo, os adolescentes aprendem a estabelecer um pouco de distância entre a sua dor e a do outro.

É importante registrarmos para eles o valor positivo da solidariedade. Essa é também uma boa época, caso combine com os valores praticados pela família, de permitir e incentivar seus filhos a participarem de movimentos sociais de voluntariado e assistência.

A empatia e a necessidade de encontrar pessoas que os aceitem fazem com que os adolescentes procurem uma tribo diferenciada da própria família. Os pais podem aproveitar esse impulso natural e sugerir que os filhos se associem a organizações não-governamentais de ajuda pela paz, movimentos estudantis, serviços para a terceira idade, preservação da natureza e semelhantes, que podem ser mais ricos e estimulantes do que grupinhos meramente interessados em baladas.

A FORMAÇÃO DA SEXUALIDADE

A partir dos catorze anos, a auto-estima começa a aumentar. O corpo das meninas já está quase totalmente formado, com as características secundárias femininas

ROUPAS DE MARCA
Os adolescentes começam a insistir no consumo de roupas e acessórios de marca, o que gera conflitos em relação a hábitos e expectativas de consumo. Os pais sabem que pagar por etiquetas é uma bobagem, mas é inegável tanto o prazer quanto a aceitação que esse tipo de produto provoca em festas, reuniões e situações sociais. Assim como os pais precisam vestir roupas adequadas a seu grupo e posição social, também os adolescentes percebem a mesma necessidade. Levar isso em conta, junto com os próprios limites financeiros, ajuda nas negociações para um consumo equilibrado.

USO DE CAMISINHAS POR ADOLESCENTES

Segundo pesquisa realizada pela Unicef em 2001 e 2002 com adolescentes brasileiros que já tiveram relações sexuais, 52% disseram usar camisinha em todas as relações sexuais, destes sendo 64,9% rapazes e apenas 35,1% moças. 32% dos adolescentes usam camisinha às vezes e 15% não usam nunca.

todas presentes, como seios e quadris. Com isso, a vaidade e a necessidade de se mostrar para o mundo de uma forma diferente de um ano antes aumenta e é reforçada pela reação positiva das pessoas em volta para com esse início de feminilidade.

Os pais em geral ficam assustados com esse desabrochar repentino e procuram reprimir a expressão da feminilidade de sua filha, querendo prolongar sua infância. É natural sentir medo e querer protegê-la, mas é impossível reprimir o crescimento da jovem. Assim, o melhor caminho é admitir seus medos e conversar sobre eles com a garota.

Se os pais temem que a menina comece a transar indiscriminadamente, podem admitir para ela que está linda e atraente, que os garotos provavelmente irão se aproximar e que ela talvez também sinta desejo por alguns. Seria interessante ela saber se preservar, envolver-se apenas com consciência e responsabilidade, ou seja, assumir a propriedade de seu corpo. Ela precisa, com a ajuda dos pais, ir a um ginecologista, aprender formas de se proteger de doenças sexualmente transmissíveis e gravidez não planejada, e decidir quando e como quer se relacionar sexualmente.

É difícil aceitar que sua criança de repente já é uma jovem mulher. Mesmo assim, quanto mais rápido os pais assimilarem essa verdade, menor a probabilidade de que sua filha inicie sua vida sexual de forma desprotegida.

Já os meninos adquirem as características secundárias um pouco mais tarde, em geral a partir dos quinze anos, que serão mais bem comentadas no próximo capítulo. Nessa mesma idade, os meninos são estimulados pela família e por seu grupo a namorar, são questionados por familiares sobre o início de suas práticas sexuais e ainda, em alguns casos, amigos, tios ou padrinhos conduzem o menino a ter uma experiência com uma garota de programa.

O modo como meninas e meninos são tratados nessa idade é o mais marcadamente diferente de suas vidas. Elas são refreadas e mantidas em casa o mais possível, enquanto eles são convidados e cobrados a iniciar sua vida sexual.

As duas formas causam danos. Incentivar o menino aumenta sua ansiedade em relação a seu desempenho e dificulta ao rapaz perceber seu próprio desejo. Ao sentir-se forçado, ele age por impulso e não por desejo. Muitos homens ainda acreditam que "homem que é homem sente atração por toda e qualquer mulher", o que não é verdade. O homem pode não desejar uma mulher que corresponda ao padrão de beleza do seu grupo porque a atração tem muito mais a ver com cheiro, olhar, reprodução de modelos positivos que ele teve do feminino e que determinam o tipo de mulher pelo qual sente realmente atração. Limitar a relação ao órgão sexual é uma aberração de nossa cultura. O homem é muito mais do que um animal com instinto de se reproduzir.

Mais do que nunca, esta é a hora de pais responsáveis ajudarem seus filhos a integrar desejos afetivos e sexuais, e se proteger de doenças e de paternidade não planejada. Tratar a vida erótica de uma forma irresponsável pode prejudicar o jovem, trazendo-lhe uma doença grave ou a carga de filhos muito antes de estar preparado para isso. Sexo é muito bom desde que feito com cautela, o que o pai pode ensinar.

Faz parte do desenvolvimento questionar papéis em geral e, especialmente, os papéis sexuais por volta dos catorze anos, movimento estimulado pela forma como os pais e a sociedade distinguem meninos e meninas.

A tendência é de os jovens não aceitarem o que se espera de um homem e uma mulher e se rebelarem, adotando os padrões de seu grupo. Os pais ficam chocados ao verem a filha de coturnos e o filho de unhas pintadas, por exemplo. Trata-se de um processo comum de transformação e reabsorção dos papéis sexuais. Ado-

lescentes começam a redefinir para sua geração o que é ser homem e ser mulher.

É importante lembrar que papéis sexuais não determinam o desejo erótico homo ou heterossexual, mas apenas o comportamento tido como mais masculino ou feminino pela sociedade. Há uma tendência a cada nova geração de diferenciar menos o que é típico do masculino e do feminino, permitindo aos indivíduos se expressarem numa larga gama de atividades. Hoje em dia homens, por exemplo, cozinham e cuidam dos filhos sem que isso afete sua masculinidade, como temeriam seus pais anos atrás.

Como dissemos anteriormente, nessa idade se inicia a busca de aprovação social, que relativiza a influência das opiniões da família. No entanto, pais e mães são extremamente importantes. Sua aceitação e respeito pelas diferenças de valores, roupas, comportamentos e amigos dos filhos pode contribuir para que o adolescente não necessite tanto da aprovação de seus pares. O jovem que se sente aprovado em casa consegue mais facilmente se posicionar perante as pressões e as regras impostas pelo grupo com o qual convive.

A menina que foi levada pelos pais ao ginecologista, toma pílula, consegue conversar sobre sexo em casa, que ouve de seus pais ser atraente tem muito mais firmeza para recusar a chantagem de um namorado que diga que só vai continuar a relação se ela transar com ele. Ela terá mais condições de decidir o melhor momento para viver sua sexualidade, sem querer atender a todo custo a expectativa do outro e obter sua aprovação.

A menina cuja sexualidade seja reprimida em casa, que não tenha espaço para diálogo, que não seja percebida por seus pais como uma pessoa com desejos e vontades ficará muito mais vulnerável a obter essa aprovação de seus colegas. No caso de um namorado que imponha condições, sua tendência será ceder para ser considerada legal, desconsiderando seu próprio desejo e colocando-se muitas vezes em risco.

A FAMÍLIA CONVIVENDO COM DROGAS

"Quando um adolescente se envolve com algum tipo de droga, toda a família é, direta ou indiretamente, afetada pelo problema. Identificamos uma inversão dos papéis familiares, como, por exemplo, os pais tolerando comportamentos inadequados e não conseguindo impor limites para o adolescente. Este exerce quase que uma função de comando dentro da família, fazendo o seu caminho e procurando assegurar o seu espaço por meio da desestruturação do espaço dos familiares.

"Seja qual for a situação, devemos verificar a forma como estamos agindo, que tipo de trajetória estamos descrevendo, qual é nosso papel e nossa função. Perguntar e dialogar são atitudes de base diante de adolescentes com problemas de drogas. Nenhum dependente químico pode curar-se sem que ele mesmo queira; é necessário ajudá-lo para que deseje a cura, através da compreensão, da confiança, de um diálogo sincero e sem censuras. 'Você tem coisas para me dizer e estou disposto a escutar e querendo entender.'

"Devemos escutar e ajudá-lo a descobrir e compreender as causas que o levaram ao consumo repetitivo, e analisar suas motivações. É necessário oferecer informações sobre o que são drogas, seus efeitos, e fazê-lo compreender que elas de nenhuma maneira resolverão seus problemas, só irão piorá-los. Estudar com ele as possibilidades de atividades alternativas ao uso de drogas que correspondam aos seus interesses e suas habilidades, que podem ser do tipo artístico, esportivo, de convivência com outros jovens, de ajuda voluntária na comunidade etc."

Manual do multiplicador adolescente, Brasília, Ministério da Saúde/Programa Nacional de DST e Aids, 2003, p.98.

ELAS NÃO USAM PÍLULA
Levantamento realizado pelo Programa de Saúde do Adolescente, da Secretaria Estadual de Saúde de São Paulo, junto a 3900 adolescentes grávidas entre 2002 e 2003 mostrou que o conhecimento dos métodos anticoncepcionais por parte das garotas não garante seu uso:
• 87% conhecem os métodos anticoncepcionais
• 70% não utilizaram nenhum método na primeira vez
• 45% não pensaram em nada para evitar a gravidez
• 35% tentaram evitar a gravidez
• 12% não sabiam o que fazer
• 8% acharam que não precisavam fazer nada para evitar a gravidez

CAPÍTULO 2 _Claudio Picazio

DOS 15 AOS 21 ANOS: MAIS ADOLESCÊNCIA

A partir dos 15 anos de idade, os jovens têm idéias próprias. Para a grande maioria dos pais, isso é difícil de aceitar. Os filhos se rebelam não porque sejam necessariamente contrários a tudo, mas porque querem ser respeitados em suas idéias e opiniões. Os pais, por seu lado, poucas vezes admitem que suas crianças não são uma continuação de si mesmos. Querem impor o que acham melhor e mais conveniente, o que resulta em conflito.

O FIM DO COLEGIAL

"Quando os jovens deixam o colegial para concorrer nos vestibulares, trocam uma situação segura e protegida pela incerteza de resultados e de futuro.
Todos estão cientes da batalha dos processos de seleção e alguns não conseguem ver uma luzinha no fim do túnel. Mesmo os preparados em conhecimentos sentem-se despreparados emocionalmente. Muitos se idealizam e idealizam as faculdades que pretendem disputar. A concorrência e competição com estudantes de outros colégios são duras, difíceis, desconhecidas e de resultado incerto, como se estivessem numa nave sem rumo.
Para agravar a situação, eles ouvem dizer das características do trabalho de hoje em dia, que exigem conhecimentos versáteis e amplos, o que torna ainda mais indispensável a vocação e talento para se recrutarem pelo mercado de trabalho.
Neste período, existem dois tipos de angústia e sofrimento: a da separação e perda do colégio e da turma de amigos; e a de indecisão e incerteza do vestibular, quando eles se sentem completamente sós, na busca do próprio caminho na vida."

Antônio Luiz Pessanha, médico psicanalista, no *Jornal da Tarde* de 19 de dezembro de 2000.

A partir dos quinze anos, os meninos começam a demonstrar características sexuais secundárias no corpo, como barba e ombros mais largos. Esse desenvolvimento é acompanhado por um comportamento em geral muito sedutor: os garotos sentem – e recebem reforço de todos em volta – que estão bonitos, atraentes e viris. Eles agora alcançam as meninas, que chegaram antes a esse patamar.

Nessa idade, os jovens adotam posturas morais e éticas de acordo com seu julgamento pessoal e os valores de seu grupo, que podem ou não coincidir com os de sua família. Começa também aqui a preocupação com o futuro profissional, imposta ou pessoal. Os jovens se vêem crescidos e levados a se apropriar de seu destino. Precisam escolher se vão fazer faculdade, começar a trabalhar, para qual profissão têm mais habilidade. Essa transição para o mundo considerado "adulto" pode ser atraente para alguns e muito assustadora para outros.

Ajudar os filhos a descobrir seus próprios talentos, sem impor-lhes os desejos e sonhos da família, os impulsiona para a independência. Famílias que têm um vínculo afetivo bom conseguem encorajar seus filhos para a independência, porque sabem que eles não desaparecerão. O amor garante a permanência da relação.

É bom lembrar que não é preciso que jovens de dezessete anos saibam o que farão para o resto de sua vida, como aliás na maioria dos casos eles não sabem. Muitos jovens ficam paralisados justamente pelo medo de que suas escolhas precisem ser definitivas, quando, na verdade, é bom lembrá-los de que ainda têm tempo para experimentar alternativas de diferentes cursos e profissões.

Os pais ficam muito aflitos quando percebem que os filhos não sabem o que querem, embarcando na ansiedade de nossa cultura de tentar definir o futuro. É salutar não aumentar a pressão para essa descoberta, e sim colaborar para que encontrem um caminho de construção de sua profissão. Um número grande de pessoas vai descobrindo ao longo da vida e da carreira o que realmente querem ou sabem fazer, sem prejuízo de suas responsabilidades ou felicidade.

Alguns jovens, em vez de dificuldade de saber o que querem, sabem muito bem que não querem estudar ou trabalhar. Sentem-se mais confortáveis sendo sustentados pelos pais, evitando enfrentar as responsabilidades de adultos. Nesse caso, os pais precisam deixar claro que não pretendem sustentar seus filhos indefinidamente. Eles precisam encontrar uma forma de auto-suficiência não só para si como para financiar seus desejos futuros. Se o rapaz deseja surfar no Havaí, como pagará pela passagem e seu sustento por lá? pode ser a pergunta dos pais.

DIFERENCIAÇÃO DO OUTRO

Na segunda fase da adolescência, o jovem procura se diferenciar do grupo. Ele agora deseja que seus pares aceitem sua individualidade. Cabem nas relações pontos de discordância. Os adolescentes querem receber de seus grupos o que desejavam de seus pais já na fase anterior: tolerância para com suas diferenças.

Faz parte das necessidades da idade entrar em conflito com os padrões familiares e sociais para, através do questionamento, definir os próprios valores. Isso não significa que adolescentes vão se desentender com seus pais e vice-versa, mas que nenhuma posição passará inquestionada. As melhores relações entre pais e filhos terão conflitos, o que é muito proveitoso para que os filhos definam sua saída da esfera familiar e conquistem seus próprios conceitos e rumos. A falta de conflito pode significar que os filhos foram tão reprimidos que não conseguem enfrentar os pais e buscar sua própria história.

Pais que desejem um bom relacionamento com seus filhos devem suportar o conflito, esclarecer seus pontos de vista e aceitar verdades diferentes e possí-

veis para cada um. A negociação e a confiança são os instrumentos para evitar que o convívio se torne desgastante ou violento.

Aos pais também cabe perceber o medo que sentem de seus filhos crescerem. Muitos casais se utilizam dos desentendimentos com seus filhos jovens para encobrir dificuldades em seu próprio relacionamento, o receio de ter a casa vazia e enfrentar a necessidade de reestruturar a relação.

AMIZADES

O grupo de amigos é importante para o adolescente, mas agora as relações se aprofundam muito com alguns amigos escolhidos e amores. Essa é a época das grandes amizades íntimas, quando os jovens confidenciam seus sonhos e desejos, frustrações, medos e inseguranças à pessoa que sentem compreendê-los. Respeitar essas amizades e eventuais namoros é importante para reafirmar aos filhos o valor dos relacionamentos mais profundos. Muitas amizades iniciadas nessa fase se prolongam pela vida toda.

Os amigos inseparáveis são mais do que irmãos, porque são escolhidos pelas suas afinidades. Os familiares precisam entender que essa é uma fase necessária e saudável do crescimento emocional dos adolescentes. Pais e irmãos não estão sendo substituídos, os adolescentes estão apenas criando novas ligações.

Muitos pais sentem-se tentados a atribuir ao amigo a responsabilidade por todas as idéias e comportamentos que não aprovam no filho. Nada mais ilusório. Filho e amigo compartilham as mesmas idéias e se influenciam mutuamente, de outra forma não seriam tão íntimos. Se seu filho chega em casa de cabelo verde e insiste em usar óculos escuros mesmo à noite, a culpa não é do seu amigo de cabelo azul! Os dois acham, juntos, que cabelos coloridos e óculos escuros são um modo ótimo de se expressarem.

MEU FILHO QUER SER BUDISTA!

O filho de dezessete anos chega em casa com a cabeça raspada e informa seus pais judeus que quer passar as férias num templo budista que ele descobriu em Minas Gerais. Danielzinho nem vai precisar de dinheiro, porque seu trabalho voluntário e não remunerado, das quatro da manhã às dez da noite, garantirá uma dieta equilibrada só de legumes e verduras e um espartano teto sobre sua cabeça. Ele irá praticar todo tipo de abstinência para a quebra do ego e a ligação com Buda, inclusive quatrocentas prostrações diárias.

Os pais se lembram do garoto que viram com tanto orgulho ler os textos sagrados durante o bar mitzva. Seu primeiro impulso naturalmente é trancar todas as portas e dizer: "De jeito nenhum! Você vai matar sua mãe do coração, seu ingrato!" O segundo é de culpar aquela escola de ioga esquisita que virou a cabeça do seu querido filho. O terceiro é suspeitar de alguma moça goy (não judia) na história. Finalmente, os pais respiram fundo e seguem o quarto impulso, de aceitar que seu filho talvez realmente queira conhecer outra religião.

Numa abordagem menos encolerizada e concedendo que seu filho é o responsável pela decisão, perguntam então o que ele está buscando, o que imagina encontrar com essa experiência. Permitem o questionamento de suas crenças mais fundamentais, mostrando uma capacidade de diálogo que os leva a superar a diferença. Após longa conversa dos pais com Danielzinho, deixam que o filho faça sua experiência desde que exercite para com a seita que está abraçando o mesmo pensamento crítico que exibiu pela religião familiar.

Decidem confiar na capacidade de discernimento de seu filho, colocando como condição que, caso venha a tornar-se uma escolha, não atrapalhe seus estudos e objetivos profissionais.

Danielzinho vai feliz e satisfeito para Minas Gerais, onde passa quase dois meses. Gosta muito da viagem e das pessoas, mas percebe que os rituais do templo nesse momento de sua história são um pouco rígidos. Decide continuar a estudar os preceitos budistas em sua própria casa, onde se sente mais confortável depois de ter sido aceito por seus pais.

MUDANÇA DE FÉ
98% dos 800 brasileiros com idade entre 15 e 24 anos ouvidos numa pesquisa disseram acreditar em Deus. Entre os que seguem alguma religião, 33% escolheram sua fé por razões pessoais e 17% já mudaram de religião ao menos uma vez.

Fonte: *Veja Especial Jovens*, agosto de 2003.

SONHO E FANTASIA
O sonho é o desejo acompanhado de providências concretas para a sua realização, enquanto a fantasia é desconectada de qualquer ação. Ela começa e se encerra em si mesma. Um moço que deseje montar uma banda de rock estará fantasiando se ficar apenas na imaginação. Ao passo que, se começar a ter aulas de guitarra, fizer amizade com músicos de seu estilo e levantar informações de bandas bem-sucedidas, estará alimentando um sonho e construindo meios de realizá-lo.

SONHOS

É nessa fase da vida que o jovem desperta para o mundo social. Os medos e os prazeres ligados à independência e as novas experiências despertam o sonho. Jovens sentem-se impelidos a buscar o que acreditam que lhes trará felicidade. Este sonho torna-se uma meta que orienta suas realizações e os encoraja a perseguir o que desejam.

O sonho pode aparecer de várias formas, desde encontrar um grande amor até ter determinada profissão, comprar uma casa ou morar no exterior. Muitas vezes, ao considerar o sonho difícil de atingir, os pais o julgam uma fantasia que precisa ser extirpada. Para evitar que seus filhos sofram decepções, jogam água fria na imaginação deles, chegando mesmo a desincentivá-los de agir.

A moça que sonha em passar um ano na Austrália está disposta a estudar inglês com afinco, interessa-se pela cultura de lá, analisa mapas como nunca fez em aulas de geografia, quer praticar mergulho e pesquisas oceânicas, e passa horas lendo sobre os aborígenes, os exploradores ingleses e toda uma série de assuntos que não atrairiam sua atenção se não tivesse esse forte desejo. Um pai que queira superproteger essa filha e trate o sonho como algo absurdo, perigoso, que não merece maior consideração, irá colocar um doloroso obstáculo ao impulso de sua filha. Com isso, a menina provavelmente ficará desestimulada não só a estudar sobre a Austrália como a própria língua inglesa, perdendo uma oportunidade que lhe seria muito útil na carreira.

Outra possibilidade é de a jovem aferrar-se a seu sonho e procurar realizá-lo a qualquer custo, afastando-se da aprovação da família. O perigo assim aumenta, porque ela pode embarcar sem o benefício da experiência e do amparo dos familiares, expondo-se a passar por situações difíceis sem sentir que pode pedir ajuda.

Ao perceber os sonhos de seus filhos, pais fazem bem em auxiliá-los a construir o caminho para sua realização. A jovem que deseja ir para a Austrália pode ser incentivada a procurar uma bolsa de estudos ou um intercâmbio, arrumar um emprego para levantar dinheiro para a passagem, estudar livros com informações úteis para viagens. De uma forma gradual, os pais podem comentar sobre seus medos e suas dificuldades para lidar com uma filha tão distante deles pela primeira vez, sem no entanto proibir que ela o faça.

A moça vai sentir apoio para seu sonho e ficar mais próxima da família, independentemente de conseguir concretizar seu sonho ou não.

Dar apoio para que os filhos construam o caminho de realização de seus sonhos é muito diferente de bancar seus sonhos. Bancar pode dar ao jovem, num primeiro momento, o prazer da realização, mas ficará aí embutido que, sem o financiamento dos pais, o sonho não se realizaria. Mais importante do que ajudar os filhos a atingirem suas metas é ensiná-los a construir o caminho para chegar até elas.

SEXO

Talvez a maior lembrança que temos da adolescência seja de uma vivência amorosa ou sexual. Não temos dúvida de que, de todas as conquistas da adolescência, os prazeres, a paixão e o amor são as maiores. Treinamos beijos, abraços, olhares, carícias, frases, apertos, estilos, levamos foras, choramos, ficamos de coração partido. Tudo isso ainda se reflete no que somos hoje.

Lembrar disso ajuda a entender seus filhos nessa fase. Perceber que seu filho ou sua filha está namorando dá a sensação de que eles cresceram e de que nós estamos velhos. Não somos mais a fonte de amor que os alimenta.

É verdade, adolescentes não precisam do amor dos pais como fonte única de sua felicidade. Agora, compartilhar amor com outra pessoa é mais importante do que tudo.

Pais sentem-se traídos pelas filhas e mães pelos filhos, em geral. Não há o que fazer, a não ser perceber que a sua missão está sendo bem cumprida. Seus filhos aprenderam a amar, têm capacidade de se vincular, de dar e rece-

ADOLESCÊNCIA...!!??

Adolescentes reclamam da crise de identidade que sua situação provoca: "Por um lado, a sociedade nos empurra e nos convence de que temos que ter responsabilidade e agir como adultos. Por outro lado, não confiam e não nos dão o mínimo de independência. Temos que ter responsabilidade para estudar e não temos responsabilidade para sair sem a companhia dos pais. Afinal, somos crianças ou adultos?"

De adolescente para adolescente, São Paulo, Movimento Brasileiro de Adolescentes, s.d., p.10.

ber afeto. Bons pais conseguem que seus filhos desenvolvam a capacidade de amor e sabem o momento exato de soltá-los no mundo para viver sua própria história, mesmo que isso cause um certo aperto no coração.

Pais que não conseguem soltar seus filhos tendem a menosprezar suas paixões e amores, classificando-os de volúveis, instáveis e inconstantes. Achar que adolescentes são incapazes de grandes amores é não ter memória, afinal são poucos de nós os que não têm saudades de um amor da adolescência e, às vezes, se pegam imaginando como teria sido a vida se tivessem ficado com aquela pessoa.

O amor adolescente não é diferente do amor adulto. É o mesmo sentimento, talvez com menos experiência, mas também menos contaminado por exigências ligadas ao casamento, à situação financeira, ao meio social. Desprezar nos filhos esse sentimento é deseducá-los justamente numa das áreas mais importantes para a felicidade na vida, que é a capacidade de se vincular profundamente a outra pessoa.

É verdade que muitas meninas parecem estar apaixonadas por um rapaz diferente a cada dia. Devido ao tratamento diferente que nossa sociedade dá a moças e rapazes, as meninas não aprendem a diferenciar a atração sexual do envolvimento amoroso, como os meninos. Elas, portanto, confundem a intensa atração que sentem por diferentes pessoas com amor ou não se sentem autorizadas a se envolver por prazer. O amor justifica e dá aval para uma relação física satisfatória. O verdadeiro amor elas sentirão de forma muito mais rara e intensa, como os meninos.

Nessa fase, a pessoa utiliza nos relacionamentos afetivos tudo o que aprendeu durante seu crescimento, com os pais e outras pessoas emocionalmente importantes. É a grande estréia da prática emocional, como se fosse o primeiro emprego depois da formatura na faculdade. Esse início de vida amorosa mostra não só os sentimentos prazerosos como também as frustrações, as dificuldades de convívio, a repetição de modelos positivos e negativos aprendidos. Está feita a formação do jovem. A partir de agora, qualquer mudança precisa ser orquestrada pela sua vontade e não pela dos pais ou de qualquer outra pessoa.

Os pais podem perceber mais do que nunca que aqui não controlam mais seus filhos, que impor regras e limites a partir dos quinze anos é perda de tempo. Imposição não funciona mais, apenas negociação, explicação, argumentação.

HOMOSSEXUAIS

Perceber que seu filho ou sua filha tem interesses afetivos e eróticos por pessoas do mesmo sexo pode causar uma grande dor. Os pais sonham e imaginam o destino de seus filhos desde antes de nascerem, e com certeza nunca incluíram em suas fantasias que pudessem ser homossexuais.

É importante saber um fato totalmente comprovado por pesquisas mundo afora: os pais não causam, influenciam nem têm o poder de modificar o desejo sexual de seus filhos. Nem pais, nem amigos, nem parentes, nem a mídia, nem qualquer influência externa determina o desejo sexual. Ele está dentro de cada pessoa e aflora num determinado momento de seu desenvolvimento. Há relatos de pessoas que se lembram de ter sentido um interesse especial por colegas do mesmo sexo desde crianças. Outros relatos mostram pessoas que descobriram seus reais desejos a partir da adolescência e até na idade adulta.

Assim sendo, os pais não devem nunca responsabilizar-se ou a qualquer outra pessoa ao perceberem um filho ou filha homossexual. Tampouco podem responsabilizar os próprios filhos, visto que eles não escolheram sentir o desejo que sentem. A homossexualidade, assim como a heterossexualidade, não é uma opção. Pais devem, junto com seus filhos, conversar sobre preconceito, discriminação e as melhores formas de lidar com o fato de pertencerem a uma minoria.

CAPÍTULO 3 _Jean-Paul Bertrand
HERÓIS, ÍDOLOS E ESTRELAS

Sonhos, fantasias, ídolos, estrelas, homens ou mulheres em pôsteres, celebridades ou anônimos, os habitantes dos nossos sonhos são parte do nosso ideal, da nossa idéia de perfeição. São um reflexo do que acreditamos ser a felicidade. As estrelas tomaram o lugar dos deuses no alto de um céu flutuante e caprichoso, mas ainda e sempre nos fazem sonhar. E viram a cabeça dos adolescentes, preenchendo seu imaginário de heróis.

ÍDOLOS DE MILHÕES

A primeira década do século XXI vê um fenômeno novo na criação de heróis míticos: a globalização permite que personagens literários e de filmes seduzam milhões de adolescentes no mundo inteiro quase ao mesmo tempo, provocando uma adoração intensa e global. É o caso do bruxo Harry Potter, da série de livros extraordinariamente bem sucedidos de J.K. Rowling, e de Frodo, o hobbit que protagoniza a trilogia literária de J.R.R. Tolkien *O senhor dos anéis*, de 1957, transformada em três filmes de também espetacular sucesso e onze Oscars entre 2001 e 2003. Tanto Daniel Radcliffe, que personifica o bruxinho no cinema, quanto o hobbit Elijah Wood e seus aliados Viggo Mortensen e Orlando Bloom, da sociedade dos anéis, são ídolos de – literalmente – vários milhões de adolescentes em dezenas de países.

Se as lendas são sempre atuais, as façanhas mudaram muito de natureza. Os gladiadores dos tempos modernos fazem espetáculos em arenas mais civilizadas, mas tão cruéis quanto a do Coliseu. Os meios evoluíram mais do que as mentalidades e os homens continuam amando desafios.

Quando criança, nosso imaginário era repleto de heróis incríveis, mas a vontade de nos parecermos com eles muda na adolescência. Se antes havia amor pelos personagens da literatura, das revistas em quadrinhos, dos desenhos, na adolescência eles ficam mais próximos na pele de atores ou celebridades. Admirar uma pessoa é necessário para que o mito deixe seu universo frio para entrar no nosso, mais agitado. Adolescentes compartilham o interesse por algumas celebridades com seus colegas e amigos, mas a emoção profunda que o ídolo causa é sentida em seu âmago.

HERÓIS TÊM SEXO DEFINIDO

Adolescentes e, depois, adultos, sonhamos com heróis humanos. Aqueles das histórias em quadrinhos, a menos que tenham sido levados para a tela, não nos fazem mais fantasiar, sem dúvida porque, naquela forma primária de heróis, o erotismo estava praticamente ausente ou pouco perceptível para a maioria de nós. É certo que, sob formas mais elaboradas, essa mesma mitologia de papel encontra precisamente no erotismo um de seus principais atrativos. Os valentes cavaleiros que conquistam princesas nos sonhos das meninas não são assexuados e as fadas que se deitam sobre os travesseiros dos adolescentes têm um charme de uma natureza mais sedutora do que o das fadas da literatura infantil.

O TEMPO NÃO PÁRA

A velocidade da comunicação nos dias de hoje e o bombardeio de notícias distintas e contraditórias vêm causando o que a sociedade médica já ousa chamar de "estresse da informação" e criam um novo desafio às famílias e à escola.

Mais do que nunca, pais e educadores têm a missão de ajudar crianças e jovens a digerir criticamente a quantidade e a qualidade das informações que lhes chegam, seja através dos noticiários de rádio, televisão, jornais e revistas, como através dos programas de entretenimento na tevê, da música e de todas as artes (e, claro, da internet).

Levar todas as mídias para dentro da sala de aula, mastigá-las, encontrar dinâmicas que auxiliem na construção de um olhar crítico (plural, não preconceituoso) sobre tudo o que é transmitido é desafio para educadores de todos os tempos e, em nosso tempo, questão de saúde pública.

Todo exercício nesse sentido valerá a pena, e somente assim haverá cidadãos capazes de dizer sim ou não às informações indesejadas ou a programas inadequados à sua idéia de existência com dignidade.

Não há outro elixir contra nossos receios de volta da censura (coisa que no Brasil parece fora de pauta, mas que merece permanente estado de alerta), a não ser a formação de consciências críticas.

_{Geraldinho Vieira, jornalista e secretário-geral da Agência de Notícias dos Direitos da Infância. Pesquisa ANDI/IAS/UNESCO "Os jovens na mídia", 1999, p. 63.}

Alguns mangás japoneses, dedicados ao erotismo, oferecem a seus leitores heroínas de papel, submissas e provocantes, mas a ginástica intelectual não consistiria apenas em colocar essas modelos em poses sugestivas? E é exatamente nisso que reside a ambigüidade: os habitantes de nossos sonhos devem ser suficientemente humanos para permanecerem coerentes e, ao mesmo tempo, intocáveis e, portanto, extremamente desejáveis.

O PÚBLICO DÁ A ÚLTIMA PALAVRA

Somos livres em nossas escolhas em relação às celebridades e amores? Sim, sem dúvida. Se nos submetemos efetivamente aos ditames da moda, as pessoas que se destacam nas diferentes mídias não nos forçam nunca a amar alguém totalmente desprovido de talento.

A crítica que diz: "As pessoas não passam de produtos, seu sucesso não passa de uma grande estratégia de mídia" está muito distante da realidade. A inovação no meio artístico ainda permanece alta. Ela constitui um fator de renovação do sistema e dos produtos. Se às vezes nos parece que somos o objeto de uma intensa manipulação, por outro lado somos sempre nós que damos a última palavra.

ESPELHO, ESPELHO MEU

A combinação entre artistas e mitos, lendas e heróis nesta alquimia é o que garante o sucesso. O sucesso é total quando se consegue atingir a dosagem sutil que permite ao espectador manter seu universo intacto, tal qual ele imaginou ou, melhor, como ele não conseguiu representar sozinho, e de aderir à escolha de identidade humana que se realizou para ele.

COMENTÁRIO
_Claudio Picazio

Todos nós, quando chegamos à adolescência, sonhamos em ser heróis. Queremos fazer algo marcante, que fique na história, que nos traga reconhecimento do grupo e da sociedade. Nossos heróis são seres que de alguma forma realizam feitos extraordinários por nós e, em suas características, têm alguma coisa com que nos identificamos. Sabemos que o Homem-Aranha não existe de fato, mas ele realiza o sonho de muitos de subirem pelas paredes, se jogarem pelos céus da cidade ou prenderem bandidos fazendo piadas, por exemplo. Mais ainda, o Homem-Aranha desperta especial empatia porque não é reconhecido pelo seu valor, tem problemas de dinheiro e não pode viver seu relacionamento amoroso, como muitos jovens.

A adolescência é marcada também por ídolos. Diferentemente da admiração distante que sentimos pelos heróis, com os ídolos tendemos a nos identificar, repetir comportamentos, maneiras de se colocar no mundo, de se vestir etc. Agora que os pais já não são mais a referência principal, o jovem vai buscar alguém que se aproxime da imagem de uma pessoa real que admire muito. Esse processo continua na vida adulta e podemos ter vários ídolos, um para cada área da vida que queremos conquistar. Nosso ídolo da música talvez seja completamente diferente do nosso ídolo do futebol, o primeiro despertando admiração pelas letras inteligentes e a postura de protesto sem que nos encantemos com seu modo de vestir, enquanto do ídolo esportivo talvez admiremos os feitos atléticos sem nos identificar com seu gosto musical, por exemplo.

Aos pais cabe, no momento em que percebem surgirem ídolos, observarem qual é a qualidade que seus filhos estão querendo repetir, e não se escandalizar com comportamentos esdrúxulos. A tendência é de o jovem aos poucos ir se apropriando da qualidade que só via fora e retirando do ídolo a posição de modelo para si.

LOBO SOLITÁRIO
Mangá, como os japoneses chamam suas histórias em quadrinhos, pode ser traduzida como hilariante ou involuntário (*man*) desenho (*ga*). De traços simples e narrativa linear, esses gibis conquistaram o mundo e o Brasil a partir do sucesso dos *animes*, desenhos animados com personagens heróicos como os Cavaleiros do Zodíaco. Mistura de elementos ocidentais, como mitologia grega, e orientais, como personagens de olhos grandes e emoções exageradas, são narrativas que seduzem desde crianças até adultos, tendo nos adolescentes seu público mais fiel. No Japão, são publicações semanais que chegam a tiragens de 1,5 milhão de exemplares! Uma das séries de maior sucesso é a do Lobo Solitário, um samurai rebelde que luta magnificamente bem com sua espada. O personagem de humor sombrio e gestos rápidos que atrai a atenção das mulheres parece ser um ícone de rapazes do mundo todo.

CAPÍTULO 4 _Jean-Paul Bertrand
COLEGAS E AMIGOS

Nós os chamamos de colegas. Colegas de infância, de escola, de nossas tribos de adolescentes. Na idade adulta ainda os temos, mesmo que não sejam necessariamente os mesmos. Mas quem são nossos colegas? Quem são os colegas de nossos filhos? Onde eles os encontram? Para que eles servem?

E MAIS AFINIDADES

É geralmente no grupo de colegas que encontramos o eleito ou a eleita pelo nosso coração, seja por algum ou muito tempo. Há também um tipo de movimento em torno dos parceiros: em geral, a coletividade considera essas peripécias uma das regras do jogo.

"Dize-me com quem andas e eu te direi quem és." Nossos colegas provêm de diferentes grupos de pertença aos quais aderimos por vontade ou necessidade. São colegas de trabalho, vizinhos, gente que encontramos em atividades esportivas ou de lazer. Embora as pessoas que compõem um grupo de colegas possam ter origens diversas, geralmente elas são de meios relativamente equivalentes.

A comunidade assim constituída é uma espécie de microcosmo, um lugar de experimentação em que propomos projetos, testamos imagens de nós mesmos, submetemos alternativas para que possamos decidir. Geralmente, não somos capazes de ver nossos comportamentos como os outros nos vêem e, ao fazer parte de um grupo, experimentamos e colocamos nossas diferenças à prova para ver até onde realmente podemos ir.

Com nossos filhos adolescentes não é diferente. Eles usam seu grupo de amigos para testar sua identidade e explorar quem são. Sua necessidade de aceitação, no entanto, é mais pronunciada que a nossa, porque de modo geral ainda não aprenderam a valorizar a si mesmos de forma independente.

SER ACEITO PELOS PARES

A necessidade de exposição, de reconhecimento tanto do que há de comum quanto do que é original em nós não é inocente: nossas escolhas em relação a roupas, preferências musicais, namorado ou namorada, para serem dignas de assumirmos publicamente, precisam ser validadas por nossos pares. Os grupos aos quais aderimos funcionam como espelhos: eles nos oferecem uma confirmação das nossas escolhas através do olhar de nossos semelhantes.

Paralelamente, a competência de cada membro do grupo em seu domínio específico nos oferece um talento por procuração, e estas qualidades de que cada um é depositário fazem a força e o valor de um grupo.

Um espaço reservado essencialmente ao hedonismo, o grupo de colegas constitui

AMIGOS AJUDAM E ATRAPALHAM

Um fator comunitário de grande ação tanto protetora quanto promotora de riscos é o grupo de amigos. É do senso comum a idéia de que os filhos podem ser corrompidos pela má influência dos amigos. Na verdade, um grupo de amigos nada mais é do que um conjunto de indivíduos com as mesmas necessidades e desejos. Nesse caso, a aproximação parte mais do adolescente em direção ao grupo do que o contrário. A presença dos pais na amizade dos filhos e o entendimento da natureza das aproximações feitas pelos filhos (ao invés de simplesmente coibi-las ou entendê-las como "uma fase") são fatores de proteção.

<small>Robert T. Brown, "Fatores de risco para o uso nocivo de drogas entre adolescentes", artigo do departamento de pediatria da Ohio State University publicado no site Álcool e Drogas sem Distorção (www.einstein.br/alcooledrogas), Programa Álcool e Drogas (PAD) do Hospital Israelita Albert Einstein.</small>

o lugar ideal para relaxar e para exprimir as fantasias. Nele propomos todo o tipo de divertimentos e atividades coletivas, como futebol, bicicleta, patins, trilhas, refeições, que encontram seu pleno desenvolvimento e sua verdadeira dimensão festiva na pluralidade e no número de participantes.

CRÍTICA, HUMOR E SOLIDARIEDADE

Todos nós temos necessidade das relações muitas vezes efêmeras e um pouco superficiais com nossos colegas, pois é nelas que encontramos os valores e as virtudes da camaradagem. O número e a variedade de colegas oscila de acordo com nosso percurso e escolhas, e nos permite tecer novos laços dessa natureza para assegurar, por meio da troca, um bom equilíbrio relacional e afetivo. Pertencer a um grupo de colegas nos permite a uma só vez nos perceber pelo olhar do outro, testar nossa capacidade de integração e exercitar nosso espírito lúdico.

COMENTÁRIO
_Claudio Picazio

Dize-me com quem andas... é um ditado perigoso. Ele pressupõe um julgamento contrário às diferenças, ou seja, de que somos iguais às pessoas com quem convivemos e que não há grupos mistos possíveis. Não há espaço aqui para o convívio com seres humanos de diferentes etnias, posições sociais e econômicas, orientações sexuais.

Permitir que nossos filhos convivam com pessoas de todo tipo de formação cultural e bagagem social os ajuda a aprender a lidar com a sociedade rica e múltipla em que vivemos. Conhecer pessoas diferentes ajuda-os a conviver harmoniosamente com praticantes de outras religiões, com portadores de necessidades especiais, com pessoas mais ricas e mais pobres sem julgá-las pelas lentes do preconceito. Estimular a alteridade é contribuir para que o mundo seja mais tolerante e pacífico.

CAPÍTULO 5 _Hubert Laplume
ESCREVER UM DIÁRIO

Os diários íntimos, ao contrário do que se possa imaginar, tratam geralmente do tempo presente. As meninas não são as únicas a escrevê-los, e o computador e a internet lhes dão um aspecto e função diferentes. Mas por que escrever para si mesmo?

UM PESQUISADOR INCANSÁVEL

Há mais de trinta anos P. Lejeune estuda narrativas da vida. Começou pelas autobiografias e pelos diários de escritores. Depois, passou para os escritos daqueles que o sociólogo P. Sansot chamou de "pessoas comuns". Lejeune encontrou tesouros e lançou uma vasta pesquisa sobre os diários pessoais clássicos, em papel, depois os escritos no computador e na internet, constituindo uma imensa gama de exemplos sobre o que se diz a si mesmo e sobre a maneira de dizê-lo.

A princípio, o diário, a não ser no caso do de um escritor, não é destinado ao olhar do outro. O *Diário de Anne Frank* causou muita comoção ao contar o cotidiano da menina judia que ficou escondida no sótão de uma família holandesa durante a ocupação nazista daquele país, e acabou capturada e morta nos campos de concentração junto com seus pais. Seu diário, no entanto, dificilmente teria sido publicado não fossem as circunstâncias trágicas de sua redação e descoberta. A maior parte dos diários permanece, devido à sua própria natureza, em lugares secretos cuja exploração é delicada. Porém, alguns pesquisadores aventuraram-se a explorá-los. Suas descobertas evidenciam a permanência, amplitude e diversidade dessa atividade.

EM BUSCA DOS CADERNOS ESCONDIDOS

Quem escreve para si mesmo? Principalmente os adolescentes – de cada quatro três são meninas e um menino –, pessoas em situação "de risco" e também mulheres e homens adultos em maior número do que se imagina.

Como ocorre esse *insight*? Geralmente, pega-se uma caneta e um caderno ou abre-se o processador de texto no computador após um choque, um luto, uma separação, uma depressão, ou quando se está em busca da própria identidade.

Como se escreve? Naturalmente, sem procurar um estilo, e sem conhecer a angústia do papel – ou da tela – em branco. Quando não se tem nada a dizer no momento, isso é registrado e retoma-se a escrita quando a necessidade for novamente sentida. Alguns escrevem todos os dias, o que se torna um tipo de droga ou de apoio para a existência. Outros escrevem de vez em quando, em ocasiões especiais depois de longos períodos de interrupção.

O que se escreve? Nesse caso, tudo depende da idade, do sexo, das circunstâncias e da personalidade de quem escreve. No caso dos adolescentes, não há muita diferença entre o que escrevem hoje e o que escreviam ontem sobre suas esperanças, conflitos, raivas, incertezas, amores.

Curiosamente, porém, algumas pessoas que passam por um grande sofrimento em particular não fazem alusão a isso. Elas falam do tempo, da natureza, do cotidiano banal. Francisca, que foi vítima de incesto, constata: "Eu escrevia somente o que sentia, nunca o que tinha vivido. Ao contrário do que imagina quem nunca escreve para si mesmo, não se confia seus segredos ao diário." Tudo se passa como se, ao enunciar os fatos, tivéssemos medo de torná-los ainda mais pesados, a menos que ocorra uma explosão interior e o tormento se manifeste numa torrente de palavras.

Quanto aos adultos e, principalmente, aos homens, o processo ocorre em geral um pouco mais tarde e de maneira diferente. Não é mais com o "amigo imaginário" da infância que se dialoga, mas realmente consigo mesmo. Trata-se, na maioria das vezes, de buscar mais clareza sobre si ou impedir que o eu social esmague o eu íntimo numa linguagem que se constitui à sua maneira. João, por exemplo, filho de bóias-frias, começou a fazer um diário quando estava na faculdade para se conscientizar da desigualdade social que havia recusado a reconhecer até o colégio. Bernardo, ao contrário, vindo de um meio favorecido e convencional, procura seu lugar entre os "outros". E João resume o que é o diário pessoal de um adulto, na sua opinião: "Na vida, tentamos apresentar uma imagem aceitável quando saímos, nos penteamos e nos vestimos adequadamente. Quando escrevemos a alguém, acontece a mesma coisa. No diário pessoal, podemos dar vazão ao que realmente somos e falar livremente."

DIÁRIOS EM ÉPOCA DE INTERNET

Nos anos 1990, o computador passou a fazer parte de muitos lares. De acordo com uma pesquisa realizada entre 1999 e 2000 por P. Lejeune, seu uso mudou a própria natureza do diário. Esquecida a espontaneidade, passou-se a corrigir, apagar, reescrever. Deseja-se que o diário fique impecável. Com isso, as pessoas refletem mais sobre o que escrevem. A revisão do texto exige uma ordenação das idéias que traz mais lucidez sobre si mesmo, mas também causa certo distanciamento e trabalho adicional. Pode-se notar, entretanto, que a maioria das pessoas que escrevem diários no computador imprimem e montam cadernos com seus textos.

Hoje encontram-se muitos sites e blogues de diários pessoais na internet. Alguns pertencem a associações ou a redes que reagrupam pessoas que escrevem diários e trocam confidências na tela. Outros são blogues pessoais em que homens e mulheres contam com a proteção do anonimato mas também buscam leitores, o que modifica a característica pessoal e íntima do diário. Em alguns casos, encontra-se muita pornografia ou histórias banais. E, com freqüência, percebe-se por trás dessa atividade um certo exibicionismo ou mesmo a vontade de ter leitores, de receber respostas para as próprias dúvidas e questionamentos. Porém, nesses casos, o diário pessoal deixa de sê-lo em sua essência, ainda que, como seu ancestral de papel, dê uma imagem instantânea plena de ensinamentos de nossa sociedade.

MELHOR SUA MÃE NÃO LER

O site Mundo Adolescente, que reúne depoimentos e comentários sinceros de jovens internautas, comenta a mania de diários das meninas entre dez e quinze anos.

Bem-humorado, o artigo incita: "Por mais que a sua mãe pretenda fazer com que você acredite que ela é sua melhor amiga, que pode confiar plenamente nela, que ela não se importa que você tenha se comportado mal contanto que conte a verdade, que exatamente por ter nascido da sua barriga ela lhe entende melhor que qualquer outra pessoa no mundo – inclusive melhor que seu pai – e toda essa lengalenga que as mães de cabeça feita repetem para suas filhas durante a adolescência, não existe maior papo-furado no mundo que esse. Não se deixe enganar: sua mãe, por melhores intenções que possa ter, não poderá ser jamais – até que você seja gente grande – melhor confidente que o seu diário".

Ele continua com sua visão realista das relações entre mães e filhas: "Existem coisas que só podemos dizer para um papel em branco, porque você sabe que um objeto não lhe julgará jamais. Sua mãe é um ser humano e, por mais que negue, sempre emitirá algum juízo de valor – é a nossa natureza.

"Até mesmo o silêncio é sinal de alguma coisa e isso pode ser perigoso em alguns casos. É verdade que, às vezes, precisamos que nos aconselhem, que nos abracem e nos digam que tudo vai dar certo – feedback que o diário não tem capacidade de nos oferecer –, mas tampouco devemos esquecer que as pessoas nem sempre reagem como nós esperamos e, ao invés de compreensão, o mais provável é que vamos tomar uma bela bronca."

http://www.mundoadolescente.com.br/article.php?sid=116, acessado no dia 9 de março de 2005.

COMENTÁRIO
_Claudio Picazio

Escrever ajuda a entender a si próprio, a organizar idéias e priorizar sentimentos, ações e emoções. Escrever é uma forma de descarregar os sentimentos que se teme dizer ou até mesmo sentir, é uma maneira de analisar a si mesmo e liberar sensações e emoções que, se guardadas, podem doer muito. Antes e acima de tudo, escrever é um desabafo! É um registro histórico, é uma forma de perceber a si mesmo, é um espelho da alma onde a imagem talvez seja importante somente para si mesmo. Por isso a razão do segredo.

Nos blogues, diários abertos e interativos que tantos adolescentes colocam na internet, a construção não se dá pelo segredo mas, sim, pela necessidade de uma identificação e formação de um grupo afim; é partilhar o sentido, o observado, o vivido!

CAPÍTULO 6 _Claudio Picazio
MITOS SOBRE A ADOLESCÊNCIA

A adolescência é alvo de um sem-número de generalizações, tanto pela mídia quanto por educadores, e também por familiares. De tanto serem repetidas, muitas afirmações são aceitas como verdadeiras sem maiores questionamentos, deixando pais de crianças preocupados com os futuros seres rebeldes e descontrolados que terão em casa quando elas crescerem.

MOVIMENTO DE ADOLESCENTES BRASILEIROS (MAB)

O MAB é uma rede formada por grupos de adolescentes, jovens e educadores comprometidos com a cidadania através de projetos ou ações regionais e nacionais. Suas atividades se refletem em áreas variadas, como educação, saúde e meio ambiente, incluindo a participação nos Encontros Nacionais de Adolescentes (ENA), que se realizam todos os anos. Quem considera os adolescentes desinteressados, centrados em si e alienados nunca os ouviu falarem. Suas reivindicações mais repetidas são as de serem consultados e poderem participar. Recado idêntico deram adolescentes do mundo inteiro que colaboraram com a 4ª Cúpula Mundial de Mídia para Crianças e Adolescentes: "Trabalhem conosco, não para nós. Queremos, sim, uma mídia de todos, uma mídia para todos, mas, principalmente, uma mídia por todos."

Além de pouco verdadeiras, essas afirmações criam expectativas nos próprios adolescentes, que podem tentar se adaptar ao que é descrito como norma para a sua idade e realmente se transformar num problema.

Vamos comentar os mitos mais habituais.

ADOLESCENTES SÃO AGRESSIVOS

Adolescentes não são nem mais nem menos agressivos que pessoas de outras idades, apenas recorrem a respostas agressivas quando sentem que são adequadas à situação em que se encontram. Muitos adultos tendem a desconsiderar o desejo, a fala e o questionamento do jovem – esses sim próprios da idade –, provocando dessa forma uma reação contundente. Os jovens nesse caso adotam atitudes agressivas simplesmente para exigir respeito e consideração. O adulto que souber dialogar, ouvir e negociar não terá problemas com filhos agressivos.

ADOLESCENTES SÃO IRREFREAVELMENTE CONSUMISTAS

Não são, ou pelo menos não mais do que os adultos que os cercam. Adolescentes ficam extremamente preocupados em serem aceitos pelo seu grupo, fazendo todo o possível para ter uma aparência semelhante à de seus pares. O motor por trás do desejo de consumo de objetos caros ou de marca é, portanto, o da socialização num grupo que tem esses valores, e não o de ostentação ou do gasto irrefreável.

ADOLESCENTES SÃO TODOS IGUAIS

Não é verdade. Há elementos em comum a um grande número de adolescentes, porque nessa idade os seres humanos passam pelos rituais de conquistar um espaço social além do grupo familiar. A forma como essa conquista acontece depende evidentemente da cultura, da posição econômica, das regras familiares e da própria personalidade do indivíduo. Portanto, não há dois adolescentes iguais.

ADOLESCENTES ADORAM DESAFIAR OS PAIS

Adolescentes detestam desafiar os pais, mas sentem que precisam viver a própria história mesmo que para isso precisem ir contra as suas ordens. Os jovens ficam angustiados ao desobedecer seus pais, mas o impulso para a autonomia é mais forte que o medo de decepcioná-los. Apesar de, num primeiro momento, tais comportamentos gerarem desconforto para os pais, eles são sinal de um desenvolvimento saudável. Demonstram que os filhos estão buscando autonomia, o que é uma característica essencial para a vida adulta.

TODOS OS ADOLESCENTES QUE USAM DROGAS FICAM VICIADOS

Mentira. Adolescentes sentem atração em quebrar regras e limites, assim como em experimentar situações e sensações novas. Muitos realmente experimentam drogas variadas, mas isso não significa que fiquem viciados. A vulnerabilidade a substâncias tóxicas varia de indivíduo para indivíduo, estando relacionada tanto com a química do corpo quanto com condições psicológicas. Há risco semelhante de vício em experimentar um cigarro e uma fileira de cocaína: alguns ficarão viciados em uma substância e não em outra, enquanto outros não sentirão propensão ao consumo repetido de nenhuma delas. Vale lembrar que a propensão ao vício não se altera com a idade, incidindo tanto em crianças quanto em adolescentes e adultos.

A ADOLESCÊNCIA É UMA FASE DIFÍCIL E CRÍTICA

Sim e não. Toda fase tem suas dificuldades e momentos críticos. A adolescência não é pior, mas talvez seja a idade que mais provoque desconforto para as pessoas em volta, por obrigar a uma mudança de parâmetros e comportamentos. Os próprios adolescentes, apesar de sofrerem variadas inseguranças e transformações, experimentam prazeres e conquistas significativas. Pais, por outro lado, se vêem de repente obrigados a reformular seu modo de agir, porque a criança com quem conviviam está crescendo. A dificuldade e a crise atribuídas à idade em grande parte são geradas pela resistência dos adultos em aceitar que precisam se transformar.

TODO ADOLESCENTE É IRRESPONSÁVEL

Adolescentes são irresponsáveis aos olhos dos pais, porque estes lhes atribuem tarefas que não são do interesse dos jovens, ou que não têm para estes a mesma importância que para os mais velhos. Os pais têm prioridades que, a seu ver, deveriam ser as mesmas de seus filhos, só que isso simplesmente não acontece. A prioridade máxima para um adolescente pode ser conquistar uma garota, o que requer muito mais atenção, capacidade de planejamento, estratégias e ação do que, por exemplo, arrumar seu quarto. Arrumar o quarto talvez se torne uma prioridade se a garota, depois de conquistada, fizer algum comentário negativo a respeito do reduto do namorado.

TODO ADOLESCENTE SÓ PENSA EM SI

Adolescentes colocam a si mesmos e a suas necessidades recém-descobertas no centro de seu universo. São prioritários os seus desejos e as suas ações, mas isso não significa que só pensem em si. A partir dos doze anos, a capacidade empática da pessoa aumenta e a faz interessar-se profundamente por aqueles que lhe são queridos. Adolescentes só não costumam exercer essa capacidade com os pais porque sentem que o vínculo já foi estabelecido e está garantido. Pais reclamam do egoísmo de seus filhos adolescentes por sentirem que se distanciam, o que de fato acontece como parte do amadurecimento natural dos jovens.

TODO ADOLESCENTE É CONTRAVENTOR

Todo adolescente saudável é questionador, um pouco irreverente e procura quebrar as regras familiares e limites impostos pelos pais. Isso não faz que necessariamente desrespeite todas as regras e leis existentes. Questioná-las não é o mesmo que desobedecê-las e adolescentes, aliás, não só seguem como policiam as pessoas em torno para que sigam regras que eles considerem justas e úteis.

O AMOR ADOLESCENTE DURA UM DIA

O sentimento de amor do adolescente é o mesmo do adulto. Muitos de nós lembramos do amor de nossa adolescência como um dos mais marcantes de nossa vida. Pode acontecer de as relações não durarem, mas o sentimento é firme. Por outro lado, diferentemente do amor, a paixão acontece com freqüência entre adolescentes. Nessa idade, as pessoas ainda vêem mais no outro aquilo que querem ter em si, sentindo encantamento com facilidade. É também a estréia dos relacionamentos sexuais, quando as possibilidades de atração física parecem infinitas. Assim, adolescentes se apaixonam com facilidade, sentindo basicamente desejo erótico e encantamento, mas sentem o amor de forma estável e muito mais rara.

OS AMIGOS FAZEM A CABEÇA DO ADOLESCENTE

Pais adorariam que isso fosse verdade, visto que seus filhos muitas vezes desenvolvem hábitos e comportamentos chocantes sobre os quais eles não têm mais nenhum poder de influência. Responsabilizar os outros é mais fácil do que admitir que os filhos caminham para realizações que não combinam com os desejos parentais. Adolescentes fazem amizade com quem é parecido com eles, ao menos naquele momento. Aceitar que os filhos não são mais influenciáveis pela família e começaram a seguir caminhos próprios facilita a convivência.

DIREITOS QUE FAZEM DIFERENÇA

"Os adolescentes de hoje têm experiências diferentes, em conseqüência das distintas realidades políticas, econômicas sociais e culturais que encontram nas respectivas comunidades. No entanto, as vidas de todos eles têm um traço em comum: a esperança num futuro melhor. Esta esperança é reforçada pelos Objetivos de Desenvolvimento do Milênio, acordada pelos líderes mundiais em 2000. (...) No quadro de direitos humanos criados e aceitos pela comunidade mundial, certos direitos são especialmente relevantes para os adolescentes. Incluem a igualdade entre os sexos e os direitos à educação e saúde, nomeadamente, a informação e serviços de saúde sexual e reprodutiva apropriados à sua idade, capacidade e circunstâncias."

A situação da população mundial em 2003. Mil milhões a não esquecer: investir na saúde e nos direitos dos adolescentes, Nova York, Fundo das Nações Unidas, 2003, p. 1.

ADOLESCENTES SÃO ALIENADOS

Pessoas com menos de vinte anos, em geral, mostram pouco interesse por política nacional ou internacional, economia e movimentos sociais, porque estão numa época em que as prioridades são pessoais. No entanto, elas estão em processo de desalienização, ou seja, aos poucos aprendendo a lidar com o mundo, combinando o que sentem e descobrem sobre si com o que existe em volta. Quando conseguem fazer isso, tornam-se adultos.

ADOLESCENTES VIVEM EM DESEQUILÍBRIO EMOCIONAL

Adolescentes vivem com os sentidos em alerta, reagindo com extremos de emoção ao que lhes acontece. Ficam em geral ou muito deprimidos, ou extremamente felizes e eufóricos. Para eles, a intensidade é o que determina o valor da experiência, ativamente procurada. Até em seus relatos, exageram o que fizeram e sentiram. Isso não é desequilíbrio emocional, mas um exercício de reconhecimento da gama de emoções possíveis. Adultos que deixaram esses extremos para trás não podem usar a si mesmos como medida de equilíbrio, porque já têm consciência de tudo o que podem sentir e classificaram internamente o que acham prazeroso ou não.

ADOLESCENTES NÃO GOSTAM DE ESTUDAR

Não é verdade que não gostem ou se interessem por estudos. No entanto, como a vida de repente lhes parece cheia de possibilidades emocionantes, os estudos tornam-se apenas uma entre várias atividades para os adolescentes. Namorar, sair com os amigos, descobrir novos horizontes impõem-se entre os interesses mais marcantes. Infelizmente, o sistema educacional parece não levar em conta o desenvolvimento biopsíquico e social dos adolescentes, reservando aos primeiros anos da puberdade as matérias que mais exigem concentração. Se o currículo privilegiasse matérias que levassem em conta as necessidades de socialização, nenhum educador precisaria reclamar de falta de atenção nessa idade.

COM A PALAVRA OS ADOLESCENTES

"Nós adolescentes achamos necessário mudar a idéia de que a sexualidade é sinônimo de sexo, e se limita a ter ou não orgasmo. Ela inclui todo comportamento e desenvolvimento físico e mental de um ser humano. É uma forma de descobrir prazeres na vida, de forma saudável.

"Desde crianças somos educados a entender sexualidade de forma negativa, ou seja, a nossa cultura favorece idéias restritas sobre a sexualidade, ligando-a diretamente à sensualidade e ao corpo de maneira padronizada, na qual só existe uma beleza e uma verdade absoluta. Conhecer o próprio corpo não é um ato vergonhoso e sujo, e sim uma forma de autoconhecimento.

"Exercer a sexualidade é não deixar-me alienar sob o pretexto de capturar o macho ou a fêmea e sim respeitar o meu eu, e a minha bagagem. Conhecendo as minhas necessidades, conseqüentemente estarei preparado para conhecer e ter uma boa relação social.

"É importante que os/as adolescentes estejam se conhecendo, se explorando, descobrindo o que e quais coisas lhes dão prazer. E assim podendo ter o compromisso consigo e com o outro na prevenção de tudo aquilo que os prejudica.

"Muitos adolescentes têm uma visão errada sobre sexualidade (acham que é só o ato sexual), queremos mostrar que não é só isso. De adolescente para adolescente, a compreensão, o entendimento é maior, pois nós vivenciamos essa 'adolescência' e isso facilita a troca de informações e experiências, proporciona tirar dúvidas, formar conhecimentos.

"Os adolescentes precisam de espaço para pensar sobre sexualidade."

De adolescente para adolescente, São Paulo, Movimento Brasileiro de Adolescentes, s.d., p. 11.

A adolescência é uma época horrível que os pais precisam aprender a suportar entre a infância dourada e a maturidade adulta.

Para muitos pais, isso é verdade. Mas não precisa ser se aprenderem a conceder autonomia, ouvir as idéias dos filhos e negociar limites. Acompanhar o processo de independência dos filhos pode ser muito gratificante; vê-los sair em busca de seus sonhos dá uma linda sensação de dever cumprido.

CAPÍTULO 7 _Claudio Picazio
EDUCAÇÃO PARA A CIVILIDADE

A adolescência é uma fase de conquista do mundo social, de tentar ocupar um lugar e marcar um espaço muito além das fronteiras familiares. Dependendo das circunstâncias, isso pode acontecer de maneira incivilizada. Ou seja, o adolescente pode tentar romper com regras e normas sociais de modo desagradável ou até mesmo violento, o que requer atenção e intervenção dos pais.

PROTAGONISMO JUVENIL
Uma das formas mais eficientes de trabalhar com adolescentes é através de ações que incentivem o protagonismo juvenil. Este conceito significa colocar o jovem à frente das discussões dos problemas relativos à escola, à comunidade e à sociedade de maneira geral. Ou seja, ouvir, compreender e respeitar o adolescente.

"Por que apostar no jovem" em *Circulador*, Rio de Janeiro, dez. 2004, Prefeitura da Cidade do Rio de Janeiro e Ministério da Saúde.

O desrespeito às leis, como pixar muros ou roubar um chocolate num supermercado, apesar de parecer pouco significativo no contexto geral de criminalidade no país, não deixa de ter conseqüências danosas para a convivência em comunidade.

Devido às mudanças da idade, adolescentes podem sentir-se tentados a desafiar regras e leis de nossa sociedade, encarando a desobediência como um jogo ou um teste dos limites que conseguem romper. Os pais precisam deixar claro que um ataque à integridade ou à propriedade de outra pessoa é sempre errado e muitas vezes passível de punição pela lei.

A maioria dos adolescentes não tem noção de que existem regras e normas sociais estabelecidas para todos, muito mais importantes do que as regras domésticas, da escola, de seus grupos, e que valem quer eles queiram, quer não. Eles precisam ser ensinados que existem boas razões para que respeitem os outros – o bom convívio social – e para que respeitem as leis – entre outras, evitar punições.

CONVITE À CIDADANIA

Se as leis parecem injustas, por impedir ou restringir uma atitude que o jovem considere seu direito, é mais proveitoso convidá-lo a se organizar e tentar mudar a legislação do que desafiá-la e se arriscar a conseqüências pesadas. Os pais devem avaliar se os filhos estão desobedecendo a leis que dizem respeito à comunidade – como, por exemplo, tocar bateria acima dos decibéis permitidos em área urbana até as três da manhã – ou as leis que mais geram discussão sobre a justiça de seu fundamento por se referirem ao próprio indivíduo – como por exemplo o consumo de álcool antes dos dezoito anos.

As leis e mesmo as regras que protegem o direito e o bem-estar das pessoas numa comunidade são aquelas que os pais necessitam reforçar, mesmo que sua punição inexista. Há uma prática danosa para a civili-

FURTOS REPETIDOS

Uma menina de onze anos ouvia todos os dias de suas colegas de classe que era dentuça. Ela não reagia às brincadeiras constantes nem conseguia se defender do ataque, encolhendo-se em seu canto. Sentia-se tão humilhada que não comentava a situação com a professora ou com a mãe. Depois de algum tempo, começou a roubar pequenos objetos das colegas, como borrachas coloridas, canetas charmosas, um brinco, figurinhas e similares.

Quando a mãe percebeu entre as coisas da filha uma série de objetos que não eram dela, sabiamente procurou conversar em lugar de condená-la. A menina confessou que sentia alívio quando pegava o que não era dela. A mãe quis saber alívio de quê, descobrindo então as humilhações de que ela estava sendo alvo.

Ajudou a filha a se defender, ensinando-a a responder, a se socializar melhor e fazer amizades e providenciou um aparelho dentário.

A menina nunca mais furtou coisa alguma.

dade de considerar pequenos furtos e desrespeitos brincadeiras inconseqüentes da idade. Elas até podem ser isso mesmo, porém permanece o fato de que um chocolate roubado está dando prejuízo a alguém, e um muro pixado é uma inegável invasão de propriedade.

Os pais precisam argumentar o quão prejudicial uma atitude de desrespeito pode ser para pessoas que os filhos nem conhecem ou imaginam. O mais educativo num contexto de incivilidade é que os jovens sejam obrigados a reparar o dano, seja devolvendo o que foi furtado, seja pintando o muro, seja pedindo desculpas aos vizinhos pelo barulho.

Num caso como o da bateria, os adolescentes podem ser incitados a negociar com os possíveis incomodados horários e condições para a atividade. Diálogo e flexibilidade são atitudes de negociação que facilitam não só a convivência imediata como todas as relações interpessoais da vida de seus filhos.

PROBLEMAS MAIS SÉRIOS

Detectar que seu filho ou sua filha está cometendo pequenos furtos de maneira sistemática pode significar insatisfação em relação a alguma área de sua vida, como emocional, sexual, dificuldades de relacionamento com um dos pais ou com os professores.

UM CONCEITO ANTIGO

Civilidade é definida pelo dicionário Aurélio como um "conjunto de formalidades observadas entre si pelos cidadãos em sinal de respeito mútuo e consideração". Pode ser também sinônimo de polidez, urbanidade, delicadeza, cortesia.
O respeito pelo espaço alheio, o respeito pela condição do outro, o respeito pelas limitações dos colegas é um conceito que entrou para a nossa língua em 1557 e desde então aparece como absolutamente essencial para a convivência em sociedade. Tanto que se origina do latim *civilitas* e *átis*, ciência de governar o Estado.

DIÁLOGO NA LÍNGUA DAS GANGUES

Em El Salvador, alguns membros de gangues criminosas resolveram procurar uma vida melhor, sem violência, e fundaram a Homies Unidos em 1996. Depois da guerra que se prolongou por 12 anos no país, muitas crianças ficaram entregues a si próprias e encontraram nas gangues de rua um sentimento de pertença e de identidade. A vida dos membros das gangues, no entanto, é curta e perigosa.

Os fundadores da Homies Unidos pretendiam encontrar uma solução para a violência e os riscos de saúde que os seus pares enfrentavam. Logo descobriram que seus belos ideais precisavam ser traduzidos para a língua das gangues para funcionarem. A ong recrutou meninos de rua para prestar aconselhamento a outros jovens, tanto para conseguir atrair novos elementos quanto para se comunicar, utilizando o vocabulário e os códigos de conduta que eles conhecem e demonstrando que não ignoram o modo de vida que seus interlocutores escolheram.

A situação da população mundial em 2003. Mil milhões a não esquecer: investir na saúde e nos direitos dos adolescentes, Nova York, Fundo das Nações Unidas, 2003, p. 35.

> **REALIDADE FAMILIAR**
>
> "A família vem se transformando ao longo dos tempos, procurando acompanhar as mudanças no comportamento social. Cada família tem um código próprio de conceitos e valores. No cotidiano, esses códigos nem sempre dão segurança aos seus componentes, fazendo com que as relações se tornem frágeis e inseguras.
>
> "Às vezes, não se definem papéis, não existem contratos de responsabilidade, e os pais se sentem perdendo o referencial da educação que receberam, optando por serem liberais e atualizados. Assim, deixam de estabelecer limites para os filhos, ficando os adolescentes soltos.
>
> "Quando os adolescentes não recebem de seus pais orientação quanto à preservação de valores, podem se tornar indisciplinados, irreverentes e agressivos.
>
> "A importância de fazer o adolescente refletir sobre a responsabilidade que cada um tem dentro da dinâmica familiar é imprescindível para melhorar as relações e a comunicação dele com a família, e também melhorar o entendimento da imposição de limites pelos pais."
>
> *Manual do multiplicador adolescente*, Brasília, Ministério da Saúde/Programa Nacional de DST e Aids, 2003, p. 96.

Roubar, quando não movido pela necessidade, revela uma busca de resolução de algo que o adolescente não consegue comentar nem aliviar de outro modo.

Se os pais percebem que os filhos no final da adolescência têm constantes atitudes de desafio às leis, como roubo de rádios de automóveis, é provável que o problema tenha chegado a um ponto para o qual não haja solução somente na esfera familiar. É aconselhável, num caso desses, procurar a ajuda de profissionais ou de instituições especializadas em adolescentes, que têm prática de se comunicar com os jovens. Como os motivos para a dissocialização podem ser muito variados, nenhuma solução simplista e generalizada bastará, sendo necessário descobrir a causa da rebeldia instalada.

CAPÍTULO 8 _Marie-Lise Labonté

ESPELHO, ESPELHO MEU

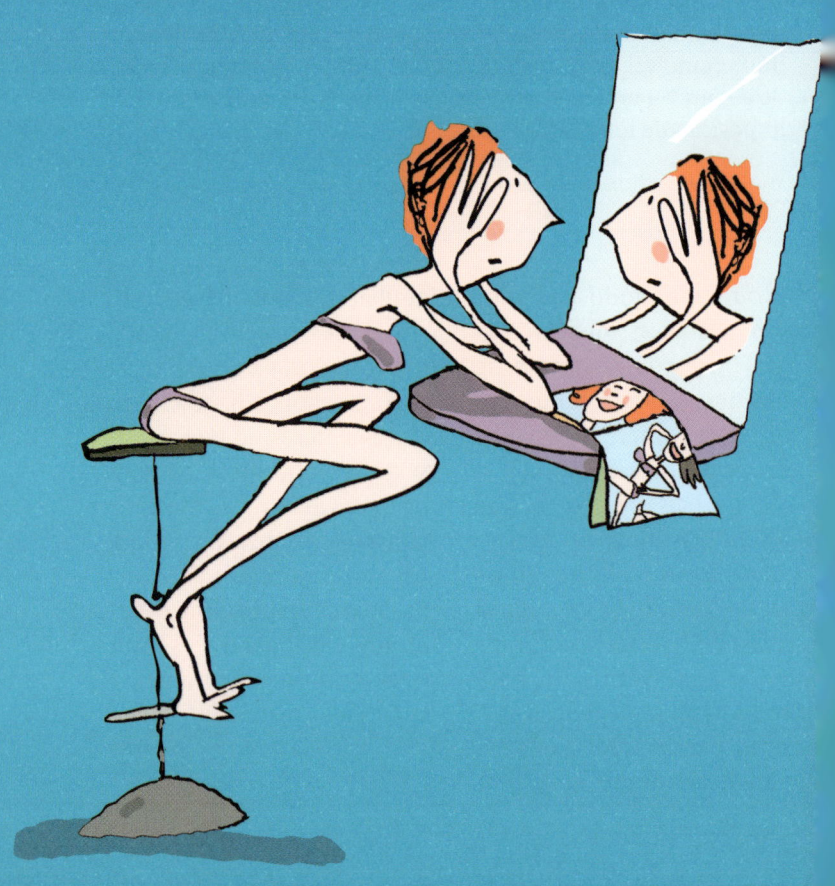

Por meio da publicidade e da imprensa, feminina sobretudo, nossa sociedade exige beleza, ter um corpo perfeito e parecer sempre bem. A busca de uma aparência atraente ganhou proporções enormes nos últimos anos, tornando-se uma escravidão para muitos de nós.

MÚSCULOS PARA A AUTO-ESTIMA

Em 2004, o Senado norte-americano decidiu investigar o uso desregulado de esteróides anabolizantes, hormônios sintéticos que aumentam a massa muscular. Segundo uma estimativa apresentada à comissão, mais de 500 mil jovens pré-adolescentes e adolescentes estariam usando esteróides nos Estados Unidos "para melhorar seu desempenho nos esportes, ter melhor aparência e auto-imagem", disse o senador Charles Grassley.
A Universidade Federal de São Paulo conduziu um estudo com usuários da perigosa droga lícita e descobriu que a metade deles começou a ingerir anabolizantes entre 15 e 16 anos para ter um corpo grande e musculoso.

"Seja belo, seja bela, não importa a que preço" é a mensagem que todos nós recebemos, especialmente os adolescentes. Ela está aí para nos convencer a consumir uma lista infindável de produtos, desde iogurtes a automóveis, sem falar, claro, dos perfumes e cosméticos vendidos por meio da imagem de pessoas sedutoras. Como conseqüência, muitos sentem-se obrigados a se sacrificar por essa exigência de beleza e estão prontos a pagar caro, tanto em saúde quanto em bem-estar, para atingir a beleza esperada e satisfazer exteriormente aos critérios sociais.

Corpo e espírito estão intimamente ligados. Está comprovado que somos ao mesmo tempo influenciados tanto pelas imagens externas quanto pelas nossas imagens interiores. Uma imagem violenta ou erótica suscita uma reação hormonal no sangue. Seja o estímulo consciente ou inconsciente, ele ocorre no corpo. Isso demonstra que as imagens e os pensamentos, por mais sutis que sejam, podem, por meio da psique, imediatamente causar uma reação em nosso corpo. Os outdoors publicitários com rostos e corpos supostamente perfeitos que cobrem as ruas nos sugerem que a beleza é um critério importante de reconhecimento social, de sucesso e de poder. Essas imagens influenciam muito mais que do que percebemos e podem levar o adolescente a uma conquista narcísica.

A BUSCA DE IDENTIDADE

Quem nunca observou, andando na rua, homens e mulheres vestidos de modo idêntico porque se renderam aos critérios absolutos da moda? Moças e rapazes parecem particularmente suscetíveis a vestirem os uniformes de seus grupos e tribos, parecendo todos igualmente "rebeldes" ou "modernos".

Durante o desenvolvimento da criança, é completamente normal que ela queira se identificar com os pais e imitar seus corpos, posturas, gestos, roupas, modo de olhar, comer, sorrir e até mesmo de pensar. C. G. Jung chamou essa busca de identidade em desenvolvimento de processo de individuação, em que a criança busca sua identidade por meio da imitação das pessoas que a rodeiam: pais, tios, avós ou qualquer pessoa que represente autoridade. Esse processo exprime a necessidade de amar e de se sentir amado pelo outro ao tentar inconscientemente imitá-lo e se parecer com ele.

Vejamos o exemplo de uma menininha cuja mãe sempre se olha no espelho ou mede a reação que sua aparência causa pelo olhar do outro, ou, ainda, se comparando a revistas femininas. Será completamente normal que essa menina, imitando a mãe, conclua que a beleza é algo exterior, que significa passar horas diante do espelho para se contemplar. Ela pode concluir que, para ser bela, é preciso ter um espelho e brincar de se parecer com alguém. Ela reproduziria sobre si mesma e sua boneca o condicionamento materno de beleza, e pediria ao espelho, numa atitude similar à da madrasta no conto de Branca de Neve: "Espelho, espelho meu, diga-me se existe no mundo menina mais bonita do que eu".

O esforço das crianças em parecer-se com ou, ao contrário, ser completamente diferente de alguém faz parte de seu desenvolvimento e processo de individuação. A necessidade de ser como fulano ou, ao contrário, sua recusa de se parecer com determinada pessoa molda sua identidade, entre outros aspectos. Essa busca de identidade, seja pela identificação ou pela recusa de um modelo, é um processo que se vive emocional, afetiva e psicologicamente, e que deixa sua marca no corpo. O processo é incons-

O MITO DE NARCISO

Narciso vem do grego *narkes*, torpor, que é também a raiz da palavra narcótico em português. Seu pai é Cefiso, deus dos rios, que estupra a ninfa Liríope. Desde criança, Narciso era extraordinariamente bonito e conforme ia crescendo, todas as donzelas e ninfas da floresta se apaixonavam por ele. O rapaz, no entanto, não achava que nenhuma estivesse à sua altura.

Um dia, a ninfa Eco, que por uma maldição de Hera só conseguia repetir o que era dito, viu Narciso passar numa caçada e o seguiu. Ele a ouviu e quis saber de quem era aquela voz tão bonita. Quando finalmente a viu, Narciso apavorou-se e fugiu, deixando a ninfa tão triste que ela foi se esconder em cavernas e rochedos.

Ele correu até a beira de um lago e inclinou-se para matar a sede. Refletida nas águas, viu sua própria imagem, que não conhecia e por quem se apaixonou. A imagem lhe sorria quando ele sorria, mas desaparecia quando ele tentava tocá-la. Narciso parou então de comer e beber e ficou apenas contemplando, fascinado, a bela figura nas águas até morrer.

ciente e leva a imitar para amar e ser amado. Se os códigos de amor e de troca entre os pais forem baseados na busca exterior e da aparência a qualquer preço, a criança poderá fixar atitudes mentais, emotivas e físicas que lançam as bases do desenvolvimento de uma identidade fixada nos mesmos valores.

O DESENVOLVIMENTO NARCÍSICO

Durante a adolescência, o indivíduo sente necessidade de deixar os critérios de individuação parental para ir em busca de uma outra família: o grupo, a tribo, a família da moda ou dos artistas da atualidade. O adolescente rejeita os valores familiares e tradicionais, podendo chegar a rejeitar o corpo e as atitudes afetivas e mentais dos pais para encontrar novos pontos de referência no exterior da família, nos códigos de identidade da moda, ou das celebridades com que se identifique. Como esses códigos são estabelecidos sobre valores menos específicos, mais vastos e, geralmente, mutáveis, ele pode se perder.

Os adolescentes fazem de tudo para estar na moda e responder aos critérios da tribo. Isso pode ir do roubo de mercadorias à privação de alimento para exibir a magreza tão valorizada por revistas e imagens da publicidade. A conquista do olhar do outro para se provar belo ou bela pode chegar ao extremo da colocação de uma armadura, de uma couraça narcísica. A pessoa realmente narcisista pode se transformar num autômato da moda, da imagem e da beleza a qualquer custo, existindo apenas para o exterior, vivendo apenas pelo olhar do outro. Se esse olhar não confirmar sua beleza, a pessoa fica completamente desequilibrada, questiona sua imagem e, conseqüentemente, seu bem-estar. Esse tipo de pessoa não se sente bem a não ser quando ouve o eco de si mesma nos outros, como no mito de Narciso que se relaciona com a ninfa Eco. A conversa não lhe interessa se não for sobre ela. Os escravos da couraça narcísica precisam que o outro aprove seu sorriso, postura e gesto. O outro se torna um espelho para ele, o qual ele tenta manipular posando de vários ângulos para assegurar-se de sua perfeição. Ao mesmo tempo, os gestos espontâneos do corpo são banidos do cotidiano e dão lugar aos tiques nervosos associados à manutenção da imagem.

Alinhando constantemente sua imagem aos critérios sociais de beleza ou da moda, os adolescentes narcísicos geralmente apresentam uma pele opaca mesmo quando cuidada com tratamentos apropriados, um corpo con-

O MITO DA BELEZA
Louise H. Forsyth, professora do departamento de estudos e do gênero na Universidade de Saskatchewan, Canadá, comenta o uso das imagens em todos os meios de comunicação para passar determinadas mensagens às mulheres: "Um elemento do mito da beleza que me inquieta particularmente é a representação das meninas e das mulheres em ociosidade. Nas imagens mais freqüentes elas não seguram nada; não utilizam ferramentas, não manipulam nenhum objeto – como um instrumento musical ou uma raquete de tênis – simbolizando a falta de escolha de seus prazeres e de suas próprias atividades. Tal representação da inatividade sugere ainda que as mulheres não experimentam desejo específico, à parte o de querer agradar aos homens. Elas não se interessam por outras atividades, nem por questões que afligem o mundo."

"O mito da beleza e a possibilidade de resistência a esse mito" em *Labrys, estudos feministas*, janeiro/julho de 2003.

BELEZA PELO BISTURI

A cada ano, cresce o número de adolescentes que se submete às cirurgias plásticas estéticas em busca de um corpo perfeito
Nos Estados Unidos, em 2003, a procura aumentou 38% em relação ao ano anterior. De acordo com a Associação Americana de Cirurgia Plástica (ASPS), os jovens representam 4% do total dos pacientes. A realidade brasileira não é nem um pouco diferente. Recordista mundial em cirurgias plásticas, o país registra por ano uma média de 350 mil operações por razões puramente estéticas. Nesta estatística, pacientes com menos de 18 anos correspondem a 13% do total, de acordo com a Sociedade Brasileira de Cirurgia Plástica.

gelado, sem respiração, pois a plástica é bela mas fria: a armadura narcísica ocupou seu lugar, não resta mais nenhum calor. A necessidade de parecer e contemplar a imagem exterior leva essas pessoas a uma vida superficial, baseada em critérios inautênticos. Devotadas à própria imagem, elas ficam paralisadas pela busca de existir apenas por meio de superfícies reluzentes – espelhos, vitrines, retrovisores –, ou no olhar do outro. Isso faz que se afastem delas mesmas, reduzindo o que são a uma busca superficial sem fim.

TRANSFORMAR A RELAÇÃO CONSIGO E COM OS OUTROS

Uma pessoa presa nessa relação vazia consigo e com os outros acaba ficando entediada e, depois, deprimida. A relação que não se funda sobre uma troca real permanece vazia; mesmo o corpo é incapaz de troca uma vez que sempre demanda ser reconhecido e admirado. E isso também acontece em relação à própria pessoa. A identidade se perde à medida que cresce o vazio interior. Além disso, a corrida louca para satisfazer aos últimos critérios de beleza socialmente aceita é tanta que os narcísicos não conseguem acompanhar o ritmo. Eles se cansam, a crise aguda se instala, sinal de aviso e de uma descontração que abre a possibilidade de cura. O processo de individuação se inicia na infância e prossegue e, num determinado momento, a pessoa é forçada a se encontrar, seja por um despertar brutal, como uma doença, seja pela consciência de um certo mal-estar ou sentimento de vazio e depressão. É importante não temer esses sintomas. Eles são sinais de uma tomada de consciência de si mesmo. Podem fazer questionar todas as falsas identidades e transformar a identidade narcísica em uma identidade autêntica.

COMENTÁRIO
_Claudio Picazio

É natural do ser humano prestar atenção em si mesmo no início da idade adulta. Afinal, o corpo finalmente amadureceu e se encontra resplandecente, provavelmente no ápice da beleza que a pessoa terá durante a vida. Tudo isso é reforçado pela nossa sociedade, que transforma beleza e juventude em produtos de consumo. Concursos de modelos reduziram a idade das participantes e estipularam um padrão que a grande maioria das adolescentes tende a buscar. Os meninos procuram academias para se adequar à exigência social de um corpo "sarado". Esse ideal social é aprisionante quando o jovem se sente obrigado a corresponder a ele a qualquer custo. Se o jovem vem de uma estrutura familiar em que o corpo é considerado o valor principal para uma pessoa ser aceita, provavelmente sofrerá. Principalmente ao descobrir que, tenha o corpo que tiver, nada garantirá sua felicidade sexual, amorosa, profissional. Ser adequado ao ideal de beleza significa tão-somente isso. A beleza pode seduzir e abrir portas, mas não garante sucesso.

Os pais precisam ajudar seus filhos a cuidar do corpo, dando acesso a diferentes tipos de alimentação e exercícios, de forma que os jovens descubram sua própria forma de serem bonitos e saudáveis. Insistir no padrão social de beleza ou considerá-la o valor principal para avaliar alguém pode causar muita angústia.

É bom que os pais também entendam o que é exatamente o narcisismo. Uma pessoa pode ser narcisista não só em relação à sua aparência, mas em relação à sua inteligência ou riqueza, ou habilidades. Narcisismo significa se colocar na posição de "o maior", "o melhor", se considerar muito acima do restante da humanidade, o que não é saudável porque dificulta as relações com os outros e com a realidade. Todos nós temos uma certa dose de vaidade, mas se ela for levada a extremos pode ser considerada um complexo "narcísico". Assim, os pais não precisam se preocupar quando seus filhos passam horas diante do espelho, se arrumando e embelezando. Estão descobrindo e testando o seu poder de atração. Só é preciso ficar atento e ajudar os filhos a perceberem outros valores e belezas além da aparência externa. Todos esses valores reconhecidos serão a base de uma auto-estima satisfatória.

CAPÍTULO 9 _Corinne Antoine

ANOREXIA E BULIMIA

Uma não come nada: é anoréxica. A outra não pára de se alimentar: falamos em bulimia. Anorexia e bulimia, às vezes conjugadas, são as duas faces de um mesmo mal-estar psíquico, que se traduz por distúrbios físicos e não deve, de modo algum, ser negligenciado. Essas doenças podem ser muito graves e deteriorar seriamente a saúde.

CRISES LIGADAS ÀS EMOÇÕES

A culpa pesa sobre Verônica, de 30 anos, que descreve sua vida nos últimos 15 anos como um ciclo infernal. Ela alterna crises de bulimia com vômitos e diuréticos. Sua capacidade de ingerir alimentos a deixa tão apavorada que ela mergulha numa culpa imensa. Verônica acabou indo procurar ajuda quando tomou consciência de que seus sintomas correspondiam a uma ruptura de sua vida familiar, cujo luto ela não conseguia elaborar.

A anorexia e a bulimia são distúrbios de comportamento alimentar que têm efeitos desastrosos sobre a saúde, além de colocar em risco a vida dos adolescentes. A divulgação desses males faz que a maioria de nós já tenha ouvido falar deles mas, geralmente, são banalizados pela sociedade, mal compreendidos, negados ou justificados por aquelas ou, mais raramente, por aqueles que sofrem. Sua incidência é principalmente feminina, embora hoje observemos um crescimento entre os meninos: um caso em cada dez.

Esses distúrbios são devidos à má educação alimentar? A um modo diferente de se alimentar, como beliscar alimentos o dia todo ou recorrer à *junk food*? À falta de algum nutriente? A um mal-estar físico ou psicológico?

Hoje, tudo parece demonstrar que a anorexia é um distúrbio psicológico, sem origem orgânica, metabólica ou genética, embora não se saiba com certeza quais suas causas. Comparamos a anorexia à bulimia porque elas estão cada vez mais associadas, embora alguns médicos acreditem tratar-se de dois extremos de um mesmo mal, que exprime uma perturbação da personalidade. Há consenso em reconhecer que esses distúrbios têm uma ligação ao mesmo tempo com o passado do indivíduo, seu contexto familiar, como também com pressões culturais e sociais sobre meninas e mulheres dos países ocidentais.

A ANOREXIA ENTRE OS ADOLESCENTES

Um dos casos mais freqüentes de recusa do alimento é batizado de anorexia mental ou nervosa e ocorre essencialmente em meninas. O distúrbio é percebido quando se constata que a pessoa está pelo menos 15% abaixo do Índice de Massa Corporal (IMC) normal para sua idade e altura e não menstrua há mais de três meses.

A este quadro é preciso acrescentar o contexto psicológico bem específico dessas jovens. Elas têm uma percepção distorcida do próprio corpo e se recusam a ingerir alimentos por medo de engordarem, mesmo estando perigosamente magras. Pode haver uma situação de conflito relacional com o ambiente e, principalmente, com os pais, sentimentos ambivalentes em que, ao

ANTI-NARCISISMO

No livro *O vestígio e a aura*, o psicanalista Jurandir Freire Costa, professor do Instituto de Medicina Social da Universidade do Estado do Rio de Janeiro, levanta a interessante questão de que a cultura do corpo em seus diversos aspectos – depressão, angústia, mal-estar, anorexia, bulimia, além das neuroses decorrentes da corpolatria tais como dietas e regimes para emagrecer e engordar, cirurgias plásticas e de diminuição do estômago – é fruto do que ele chama de "cultura das sensações". Se, para a psicanálise, em cultura das sensações estaria eminentemente implícita a questão do narcisismo, para Jurandir é o contrário. Para o psicanalista, é justamente o anti-narcisismo que está provocando as neuroses corporais atuais, e ele acusa dois grandes vilões em nossa sociedade: primeiro, a mídia, representada por todos os ícones que deformam nossa percepção do "eu" e do nosso estar no mundo; e depois a ciência, representada pela medicina moderna que diz o que é bom e o que é ruim para o nosso corpo, e faz das cirurgias plásticas à fertilização in vitro apanágio das novas bio-identidades.

mesmo tempo, há busca de afeto e luta por uma identidade autônoma. Podemos também destacar a dificuldade por toda forma de sexualidade genital, problemas com a imagem do corpo e de suas necessidades, hiperatividade intelectual e motora, dificuldades de registro afetivo e de identidade, sentimento de vazio, impotência diante de dúvidas infindáveis que conduz, nas formas mais graves, a um retraimento progressivo. Enfim, uma atitude distorcida em relação à alimentação.

O QUADRO DA BULIMIA

De modo simétrico à anorexia, a bulimia é caracterizada pelo consumo excessivo de alimentos em ataques compulsivos, seguidos de comportamentos drásticos para evitar o ganho de peso, como vômitos auto-induzidos, uso de diuréticos, laxantes e enemas. A bulimia se diferencia da hiperfagia, em que apenas se come demais, e da vontade de beliscar o dia todo, comum entre os obesos, por ser uma compulsão e, como a anorexia, levar a uma visão distorcida do próprio corpo.

SOB PRESSÃO

O contexto familiar deve, sem dúvida, ser levado em conta no caso de Silvia, de 15 anos, que sofre de anorexia entrecortada por crises de bulimia com vômitos auto-induzidos. Ela dança desde os cinco anos e vive disso.
Com um rigor sem trégua, intercala estudos e exercícios há anos.
De educação particularmente rígida, ela não tem o direito de errar, seja no âmbito escolar, seja no profissional. Ela se sente muito pressionada e seu mal-estar é acentuado pelas transformações físicas e psíquicas da adolescência.

IMAGEM IMPECÁVEL
O contexto social pode ter influenciado o caso de Sofia, de 24 anos. Solteira, ela trabalha com moda, profissão que escolheu opondo-se violentamente a seus pais. Para ter sucesso nessa carreira, Sofia se vê obrigada a se esforçar muito, suportar um estresse violento e manter uma imagem impecável. Quando volta para casa, Sofia ataca a comida e provoca o vômito logo em seguida.

OS TRÊS PILARES DO DIAGNÓSTICO

O diagnóstico da anorexia é estabelecido pela presença de três sintomas.

Anorexia, ou conduta de restrição voluntária da alimentação. Geralmente, o início da anorexia coincide com um regime alimentar que se torna cada vez mais restritivo, e com progressivo recurso ao vômito quando a anoréxica acha que comeu demais ou caso tenha sido obrigada a se alimentar.

Emagrecimento. Conseqüência direta da conduta de restrição voluntária de alimento com perda de peso de no mínimo 10% em relação ao peso anterior e ao crescimento normal. Acrescenta-se a isso a fobia de engordar e a imagem distorcida do corpo.

Amenorréia (primária ou secundária), sintoma de uma síndrome endocrinológica complexa devido a um tipo de repouso da hipófise, que pode preceder o emagrecimento e não é, por conseqüência, considerada sua decorrência direta ainda que seja um de seus fatores.

Pessoas bulímicas não são tão magras quanto as anoréxicas mas mantêm um relacionamento problemático com a alimentação. A crise geralmente ocorre escondida, durante a noite.

Ouvimos muitas mulheres se definirem como bulímicas quando engordam um ou dois quilos, ou quando comeram um pouco mais de chocolate, o que não tem nada a ver com a bulimia. Esta ocorre, na maioria dos casos, entre os dezessete e os vinte anos de idade, geralmente depois da anorexia. Acontece mais raramente em mulheres adultas, que recorrem a tal conduta provavelmente devido a angústias ou a estresses que não conseguem administrar. Entre os homens, a bulimia existe, mas é ainda mais rara do que a anorexia.

Um diagnóstico correto da bulimia se baseia na constatação de episódios repetidos de absorção rápida e incontrolada de grandes quantidades de alimento, correspondentes a milhares de calorias, com uma freqüência de dois acessos em média por semana, num período de três meses. Pode ocorrer também uma sensação de perda do controle dos hábitos alimentares durante as crises, o recurso ao vômito e à ingestão de laxantes ou diuréticos, exercícios físicos e restrição alimentar e, finalmente, uma preocupação excessiva com o peso e a aparência física.

Para melhor discernir uma verdadeira crise de bulimia, pode-se observar seu percurso: a véspera é marcada por um estado de tensão e angústia, que induz a uma busca incontrolável por alimento. Durante a crise, ocorre total perda de controle sobre a alimentação. O fim é marcado por um sentimento de plenitude mesclado com mal-estar físico, atitudes de anulação e, em vários casos, adormecimento. Enfim, depois da crise, emergem sentimentos de arrependimento, ódio, culpa, desgosto e depressão que, no entanto, não impedem as recaídas.

AS ORIGENS DO MAL

Para explicar atitudes tão extremas, é preciso refletir sobre como a pessoa se relaciona com seu passado, contexto familiar e sociocultural.

A influência do passado pode ser esclarecida por explicações psicanalíticas. Os distúrbios alimentares em geral aparecem durante a puberdade, quando a menina vira adolescente e, portanto, deve assumir atributos e papéis de mulher. Ao perceber-se incapaz disso, ela regride para o erotismo dos estágios de desenvolvimento precedentes: aquele dos estágios oral e anal. As jovens bulímicas sucumbem às pulsões orais devoradoras (estágio de alimentação), enquanto a anorexia se opõe à sua emergência.

O contexto familiar. Segundo os autores que pesquisam os modelos familiares, o ambiente talvez contribua para gerar distúrbios alimentares. A explicação seria que, quando ainda crianças, esses pacientes tinham seus desejos pouco reconhecidos, entendidos ou levados em consideração – a mãe e/ou o pai só respondiam ao apelo e ao choro da criança dando-lhe alimento. O indivíduo comia em vez de exprimir sentimentos, fossem eles positivos ou negativos. Assim, tanto os bulímicos quanto os obesos fariam uma confusão entre a fome e outras emoções e sensações. Na mesma perspectiva, a anorexia nervosa se constituiria numa tentativa de autonomização e controle do corpo que lhe escapa. O domínio do corpo e de suas necessidade permitiria ao

UM MAL CRESCENTE

Hoje em dia, estima-se que 1 a 2% da mulheres entre 15 e 30 anos sofra de anorexia, e que 1 a 2% da população geral entre 15 e 45 anos tenha bulimia. Esses números quadriplicaram nos últimos 20 anos, o que é inquietante.

MELHORA LENTA
A evolução da anorexia nervosa sob tratamento é sempre longa e sujeita a recaídas. Estudos mostram que apenas cerca de um terço das anoréxicas pode se considerar completamente curada; um outro terço consegue uma melhora moderada, marcada por dificuldades existenciais e alimentares (bulimia e restrição). Para o restante das mulheres, a doença tende a tornar-se crônica na idade adulta.

anoréxico afirmar sua existência aos olhos dos outros e de si mesmo.

O contexto social também não deve ser negligenciado. O excesso de peso no mundo ocidental é sinônimo de feiúra. Todos os dias, somos inundados por imagens de corpos femininos magros, que excluem qualquer outra representação de beleza. Entre a gama de tamanhos e formas femininas possíveis, aquela da mulher esbelta é a única valorizada. Assim, a beleza e a magreza parecem aspectos essenciais da feminilidade. Os números falam por si mesmos, pois 5% das modelos sofrem de distúrbios alimentares. Paradoxalmente, são justamente as modelos anoréxicas que servem de referência a milhões de adolescentes. Conseqüentemente, a busca de um corpo magro torna-se um meio de a mulher se afirmar e desenvolver sua identidade. É preciso refletir seriamente sobre o contexto social na busca da cura para os distúrbios alimentares.

OS TRATAMENTOS
O tratamento tradicional da anoxeria nervosa é a hospitalização com isolamento da família e alimentação força-da. Contudo, essa abordagem é bastante contestada atualmente. Sendo o mal de origem psicológica, as psicoterapias individuais e de família são indicadas. Para a bulimia, a hospitalização não é indicada, porém é imprescindível o acompanhamento médico, além de tratamento psicológico, seja individual, por meio de psicoterapias comportamentais e cognitivas, seja coletiva, por meio de grupos de apoio, reuniões em associações etc.

Cada vez mais freqüentes, os distúrbios alimentares, sobretudo a anorexia, têm origens psíquicas complexas e podem debilitar gravemente a saúde. Estão, evidentemente, relacionados com a personalidade e o contexto familiar e social, e requerem tratamento. Observamos que, além de essencialmente femininos, os distúrbios alimentares ocorrem sobretudo nos países ocidentalizados. Hoje em dia, a freqüência dessas afecções entre as adolescentes é alarmante, sendo necessário refletir com seriedade sobre os critérios de beleza veiculados pela mídia e sobre as formas de prevenção, diagnóstico e tratamento dos distúrbios alimentares.

PERGUNTAS E RESPOSTAS

Os homens estão livres da anorexia e da bulimia?
Notamos que, de dez casos de anorexia, nove ocorrem com mulheres. Diversas explicações psicossociológicas foram propostas, enfatizando as diferenças entre meninos e meninas durante a puberdade, seus papéis diferenciados na família e na sociedade, mas nenhuma das hipóteses apresentou alguma prova conclusiva. Por outro lado, podemos constatar que, freqüentemente, o uso de drogas é mais alto entre os meninos. Alguns autores explicam que a ocorrência de problemas alimentares é equivalente ao uso indevido de drogas ou álcool; que se trata de um "vício sem droga". Seria então o vício o modo de expressão preferido pelos meninos e os problemas alimentares pelas meninas? O debate continua em aberto.

O que fazer quando desconfio que minha filha é bulímica ou anoréxica?
É preciso consultar rapidamente um especialista para analisar e discutir quais são as concepções de sua filha e de sua família sobre peso e alimentação e considerar um acompanhamento médico e psicológico. Não deixe para depois. O problema é sério e pode levar à morte.

Quando devo começar a me preocupar?
Se o problema for com você mesma, é preciso tomar alguma atitude quando você sentir que as compulsões relacionadas a seu peso e alimentação começam a ocupar o centro de sua vida. Caso seja com sua filha, perceba se alimentar-se tornou-se uma fonte de tensão para ela, se houve diminuição ou recusa em se alimentar por causa do ganho de um quilo ou mais e se ela tem tendência cada vez maior de isolar-se.

É possível ser anoréxica e bulímica ao mesmo tempo?
Sim, e esse é, provavelmente, o mais perigoso dos distúrbios alimentares, aquele que mais põe em risco a vida das pessoas que dele sofrem. Na verdade, a pessoa enfrenta os efeitos da subnutrição (anorexia), mas também expõe o organismo a uma superalimentação, seguida de purgação por vômitos ou laxantes. Essa combinação é chamada de anorexia do tipo compulsão periódica/purgativa.

COMENTÁRIO
_Claudio Picazio

Apesar de não sabermos as causas da anorexia e da bulimia, precisamos levar em conta que um fator colaborador dos sintomas é a pressão social para que a mulher tenha determinado tipo de corpo, e sua dificuldade psíquica em lidar com angústias, raivas e prazeres.

A menina recebe a mensagem, às vezes de forma clara e contundente, vinda das pessoas que ama, que não só o seu corpo só será admirado e aceito se estiver dentro dos padrões de magreza vigentes, como também ela só conseguirá sentir e dar prazer se tiver tal corpo.

Outro aspecto é o de que a comida está relacionada, desde a primeira infância de todos nós, com frustração e satisfação, bem ou mal-estar físico e emocional. Muitos bebês, ao serem alimentados numa situação de frustração ou raiva, vomitam. Uma das suposições é de que bulímicos e anoréxicos tenham também dificuldade em lidar com suas frustrações.

Os pais, ao notarem um distúrbio alimentar em seus filhos, precisam, em lugar de exercerem pressão para que se alimentem normalmente, entender que o comportamento não é uma escolha consciente. Trata-se de uma situação que merece acompanhamento de profissionais competentes.

CAPÍTULO 10 _Pierre Angel

CONDUTAS DE RISCO ENTRE ADOLESCENTES

Entre 10 e 20% dos jovens recorrem a condutas de risco. Elas podem ser de várias ordens: desde fazer amizade com más companhias, freqüentar lugares perigosos ou fugir de casa até usar drogas, arriscar-se fisicamente ou tentar suicídio. Mas as condutas de risco têm um ponto em comum: podem tornar-se destrutivas e representam uma experimentação dos limites.

QUANDO O ADOLESCENTE AGRIDE A SI MESMO

Alguns adolescentes agridem o próprio corpo de maneira aparentemente absurda, mas isso é um modo de se atacar e, ao mesmo tempo, de se confrontar, ou seja, sentir que continua vivo. Os ataques também podem ser expressos sob a forma de distúrbios alimentares graves: nas consultas, percebemos um aumento considerável da anorexia mental (ou nervosa) e da bulimia, numa intensidade comparável com aquelas que encontramos em outros tipos de vício, em particular, o uso de drogas.

Os limites da adolescência e da pós-adolescência são flexíveis, variando de acordo com a sociedade em questão. O início da adolescência é caracterizado pela puberdade, que traz várias mudanças ao mesmo tempo físicas, psicológicas e sociais. Com o prolongamento da escolaridade, a dificuldade de entrar no mercado de trabalho e também a tendência de estabelecer uma relação conjugal mais tarde, a sociedade atual tende a prolongar o final da adolescência. Alguns chamam esse período de pós-adolescência, marcado pela definição progressiva das características que vão constituir o adulto.

Quando falamos de condutas de risco, que atingem proporcionalmente uma pequena parcela dos adolescentes, designamos também uma tendência a agir sem reflexão, que pode chegar à violência com características de impulsividade e agressão. O abuso de álcool ou drogas também determinam uma conduta de risco que tem como fundo repetir os atos dos adultos e, ao mesmo tempo, dissolver resistências e medos de novas experiências.

Vistos sob este ângulo, as condutas de risco podem ser um modo de afrontamento pessoal, familiar ou mesmo social, que leva o adolescente a uma relação desviante diante da sociedade.

O AFRONTAMENTO PESSOAL

O adolescente em crise interna geralmente volta sua angústia contra si mesmo. Essa conduta de risco pode ser compreendida como um "afrontamento simbólico da morte".

Vários exemplos nas atitudes possíveis dos adolescentes ilustram o tema. Um acelera o carro a uma velocidade suficientemente alta para causar um grave acidente; outro embarca na viagem das drogas a ponto de não saber exatamente se o organismo sobreviverá ou não a ela. Resposta individual a um sofrimento individual, o afrontamento ocorre ao adolescente quando nada mais parece fazer sentido em sua vida.

O AFRONTAMENTO DA FAMÍLIA E DO AMBIENTE

Alguns contextos favorecem as condutas de risco. Um ambiente muito violento ou permissivo sem o estabelecimento de limites e acompanhamento favorece a impulsividade arriscada. Um dos modos de expressão de ruptura do adolescente, para além dos tradicionais conflitos com os pais, é a fuga. Trata-se de uma saída impulsiva, geralmente solitária, sem objetivo preciso. Ela pode ocorrer depois de uma crise grave entre o adolescente e sua família.

Toda ação, mais ou menos consciente, que visa a escapar de suas referências, é um modo de fuga. Ela pode ocorrer em relação à escola, uma vez que esta representa para o adolescente uma microssociedade. O desinteresse escolar revela uma dimensão psicológica, tornando difícil ou inútil valer-se de soluções coletivas adotadas pelos professores e pedagogos. Da algazarra ao ato violento contra um professor há uma gama de riscos calculados que colocam o adolescente num ponto de equilíbrio perigoso: de um lado, o possível arrependimento diante do ato violento constitui a normalidade; de outro, temos a exclusão, quando o adolescente insiste em atos violentos a ponto de ser rejeitado por seu meio.

O AFRONTAMENTO DA SOCIEDADE

Uma angústia intensa, um desequilíbrio entre as transformações corporais e as aquisições lingüísticas às vezes levam o adolescente a exprimir com gestos o que ele não consegue dizer com palavras. A companhia de jovens marginais ou de grupos de delinqüentes pode ampliar o risco de desvio. Na visão autodestrutiva que comentamos aqui, é a demarcação de território em relação à lei que permite, por um lado, forjar a identidade do adolescente. Trata-se de um simples teste: segundo D. Le Breton, "depois do primeiro contato com a polícia, a imensa maioria dos jovens não brinca mais com a justiça".

Busca de limite, de prazer, de desenvolvimento pessoal, busca que, aparentemente, não tem outro objetivo além dela mesma, elemento indissociável da adolescência, ritual de iniciação, as condutas de risco são tudo isso ao mesmo tempo. Parece haver, porém, uma diferença significativa entre meninos e meninas em relação ao mal-estar quanto a condutas violentas. Se a delinqüência é o principal modo de expressão predominantemente masculino, a anorexia nervosa é quase uma patologia exclusivamente feminina.

Na perspectiva da prevenção, convém atentar para o fato de que, se as condutas de risco se tornarem freqüentes, é preciso acompanhamento psicoterapêutico adequado, como nos comportamentos de vício. É importante, contudo, sublinhar que é a repetição que deve ser observada. Várias das condutas de risco, quando não repetitivas, quando seu potencial destruidor é atenuado, podem esclarecer o comportamento do adolescente e representar o início de uma mudança.

PERGUNTAS E RESPOSTAS

Onde se situa a banalização das condutas de risco? Quais são os perigos?
São condutas acidentais repetidas, acidentes de moto que se sucedem, fugas ou condutas violentas que causam angústia ou rejeição pelo ambiente. A negligência faz a família e os agentes sociais reduzirem a vigilância, por desinteresse ou por exasperação ou, às vezes, por negação do problema. Eles acabam não considerando a gravidade dos riscos corridos pelo adolescente, que põe a vida em jogo, na maioria das vezes, sem estar muito consciente disso. Negligenciar uma conduta de risco é desistir de compreender a mensagem não explícita que o jovem nos envia.

As terapias indicadas devem incluir os pais?
Os pais devem, na maioria dos casos, envolver-se com o processo terapêutico do filho. Mesmo se houver uma tensão grave entre os pais e o adolescente, os pais continuam tendo muito a dizer sobre a situação e também podem precisar de apoio terapêutico. Às vezes, acontece de o adolescente não querer que o terapeuta encontre seus pais. A experiência nos mostra que um encontro, ainda que pontual, é preciso para apreender a complexidade da dinâmica familiar. É preciso convencer o adolescente, assegurando que o terapeuta respeitará absolutamente o sigilo profissional. Em certas situações, a terapia familiar é mais indicada.

O que fazer quando o adolescente se recusa a consultar um terapeuta?
Essa situação é freqüente. As entrevistas dos pais com um terapeuta quase sempre terminam por vencer a resistência do adolescente. Depois de algum tempo, porém, o próprio adolescente é que não deseja mais permanecer muito tempo longe do lugar onde pode se exprimir sem ser pressionado e experimentar o sentimento raro de ser compreendido.

A proibição de pais e educadores tem alguma utilidade?
Para se construir, o adolescente tem necessidade de referências sólidas. As proibições às vezes são inevitáveis e úteis quando o adolescente corre riscos, sejam eles afetivos ou físicos, ou transgride interdições maiores. Elas não fazem sentido quando os pais não respeitam as regras que eles mesmos impõem e quando as proibições não levam em conta o respeito que devemos aos nossos filhos enquanto pais. Regras são úteis quando são explicadas, compreendidas e dão oportunidade para uma pedagogia da cidadania.

O que fazer diante de uma conduta de risco do adolescente?
Adolescentes precisam lidar com a insegurança, crise de identidade, mudanças bruscas no humor e o medo de entrar num mundo complicado, violento e competitivo. Às vezes torna-se impraticável evitar intenso sofrimento psíquico. Quando esse sofrimento se transforma em comportamento de risco, é altamente recomendável recorrer à psicoterapia. Em alguns casos não só o adolescente, como também seus pais, já que todo a família acaba ficando abalada com as atitudes do jovem.

COMENTÁRIO
_Claudio Picazio

Um comportamento de risco repetido – como dirigir sempre a velocidades alucinantes, transar sem camisinha mesmo tendo tido acesso a informações sobre os perigos das doenças sexualmente transmissíveis, ferir a si mesmo ou praticar atos criminosos como hábito – indica uma situação crítica. É muito provável que já tenha se instalado uma falta de diálogo crônica, um abismo de compreensão entre pais e filho ou filha.

Pais podem e devem tentar conversar, ver e entender o mundo da perspectiva do jovem, sendo necessária uma boa dose de paciência, carinho e compreensão. No entanto, talvez não seja mais possível estabelecer uma ponte. Os adolescentes podem ter dificuldade em falar sobre seus sentimentos, ou achar que os adultos não os entenderão. Em casos mais graves, em que uma conversa franca não resolve, é indispensável a ajuda de um profissional experiente para aconselhamento, além de outros procedimentos, se necessário. Uma pessoa ou mesmo organização que seja percebida como isenta pelo adolescente, como por exemplo uma ong voltada para adolescentes que fale a sua língua, pode auxiliar o jovem a lidar com seus sentimentos e inseguranças antes de a conduta de risco se transformar num hábito ou meio de vida.

CAPÍTULO 11 _Claudio Picazio
GRAVIDEZ NA ADOLESCÊNCIA

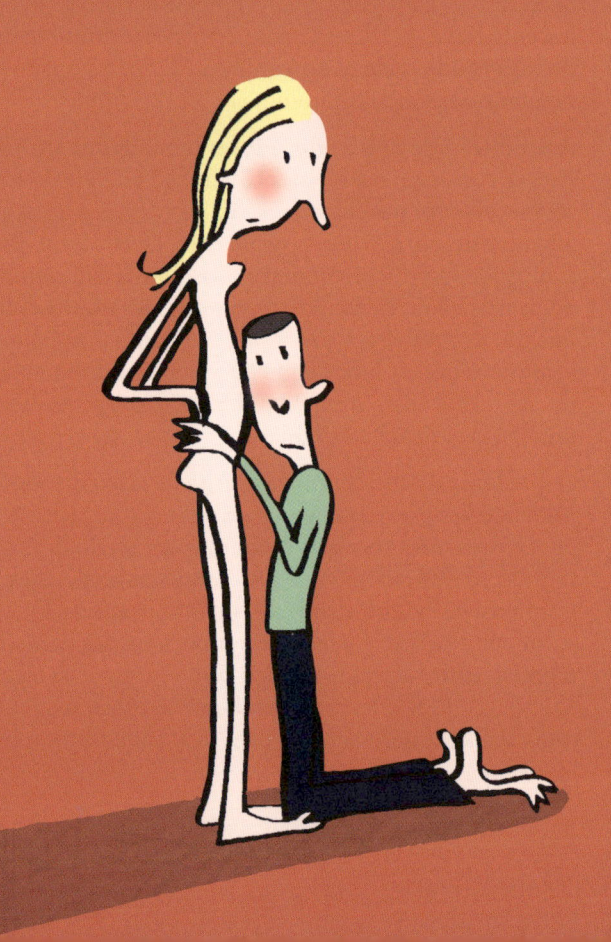

Como definir o fenômeno de meninas de 13 e 14 anos ficarem grávidas? Será uma gravidez indesejada? Não planejada? Precoce? Ficamos preocupados com uma definição correta que abranja a totalidade do fenômeno, mas na verdade o que encontramos são muitas variações.

CADA VEZ MAIS ADOLESCENTES GRÁVIDAS

No Brasil, 18% das adolescentes entre 15 e 19 anos já tem, pelo menos, um filho. Apesar dos níveis de fecundidade apresentarem queda sistemática na maioria dos países do mundo, aqui observou-se aumento de 25% no grupo etário de 15 a 19 anos entre 1994 e 2004, segundo o relatório "Direitos e Saúde Sexual e Reprodutiva", divulgado pela organização não-governamental Countdown 2015. Cerca de 60% dessas gestações não são planejadas ou não são desejadas.

Meninas ficam grávidas por falta de informação, por acreditarem que são invulneráveis à possibilidade de gravidez, por planejarem ter um filho para manter o namorado, por acharem que um filho pode ser como uma boneca viva, por terem feito sexo contra a sua vontade e sem o uso de qualquer contraceptivo. Algumas meninas parecem engravidar porque em seu meio ser mãe adolescente é mais respeitável do que ser apenas adolescente.

A gravidez na adolescência, apesar de biologicamente natural, em nossa cultura deixa a menina com algumas desvantagens: na grande maioria das vezes a jovem mãe não está pronta psicologicamente para assumir as responsabilidades de cuidar de uma criança enquanto continua a desenvolver a si mesma. Também é comum que uma gravidez nessa idade atrapalhe ou interrompa permanentemente os estudos, deixando a moça em condições de empregabilidade mais desfavoráveis que suas colegas.

Uma adolescente que opte por ter um filho com pouca idade pode, com ajuda da família, desenvolver precocemente o papel de mãe e criar seu filho de maneira adequada. É muito comum, no entanto, que os pais da moça acabem assumindo a educação e a criação do neto como se fosse um filho temporão.

É bastante usual também que, no caso de uma gestação antes dos quinze anos, o pai não sinta a menor responsabilidade pelo filho, envolvendo-se pouco ou nada com a criança. Na melhor das hipóteses, a família do rapaz ajuda na criação do neto inesperado.

Apesar de poder ser materialmente bem cuidada, a criança num caso como este vem ao mundo sem ser prioridade de seus pais. Pais e avós ficam muito mais preocupados em resolver a instável situação de seus filhos adolescentes e, pelo menos inicialmente, deixam o bebê em segundo plano.

EDUCAÇÃO SEXUAL

Os dados sobre gravidez não planejada na adolescência são alarmantes, especialmente se lembrarmos que as estatísticas não contam o número de abortos realizados ilegalmente pelas jovens. Estima-se que estes cheguem ao número de um milhão por ano no Brasil, 50% dos quais com menores de 18 anos.

Para não fazer parte de uma dessas impressionantes estatísticas e tornar-se avô ou avó antes do planejado, é inescapável falar de sexo com as filhas e também com os filhos. É sábio exigir, ao mesmo tempo, que a escola ofereça educação sexual adequada aos tempos atuais.

Adoraríamos que nossas crianças optassem pela abstinência sexual e nos deixassem decidir a forma, a idade e os parceiros para iniciar suas atividades afetivas e sexuais. Infelizmente, esta é uma deliciosa fantasia que apenas contribui para aumentar o número de grávidas e de abortos ilegais.

Nossos filhos farão sexo muito antes do que imaginamos, com parceiros improváveis e que dificilmente escolheriam para casar-se.

FAZER O QUÊ?

Se tantos adolescentes de 13 e 14 anos estão tendo relações sexuais sem camisinha, precisamos começar a falar sobre sexualidade antes disso. Com 10 ou 11 anos, as crianças já podem ouvir e conseguem entender os detalhes do sexo, o modo de engravidar, os métodos contraceptivos, as possibilidades de doenças sexualmente transmissíveis e a forma de evitá-las.

Pré-adolescentes lidam muito bem com números, dados, depoimentos de pessoas que passaram por experiências reais. Não é preciso atenuar ou esconder fatos, nem é produtivo aumentar os perigos: crianças dessa idade têm raciocínio lógico e testam sua capacidade crítica.

Avisar sua filha de que você irá matá-la se ela aparecer grávida em casa é totalmente improdutivo. Ela não irá comentar suas dúvidas – visto saber de antemão que seus pais desaprovam qualquer atividade sexual – e, caso engravide, é muito provável que tente resolver a situação sozinha, com grande perigo para sua vida.

Uma forma saudável de falar sobre sexo é mencionar não só sua função reprodutiva como o grande prazer que provoca, além de criar laços para o aprofundamento da intimidade de duas pessoas. Ignorar o lado bom do sexo é apresentar uma imagem que os adolescentes sabem ser falsa, levando-os a relevar o restante do que é dito.

Falar sobre reprodução, prazer e intimidade é levar em consideração as interfaces da sexualidade, uma área complexa, atraente e estimulante.

A MÍDIA
É comum pais quererem culpar a mídia, os tempos, as escolas, a degeneração dos costumes, a falta de religiosidade para explicar o que lhes parece uma total ausência de limites para a sexualidade dos jovens.

Por mais que esse exercício provoque a retórica e aqueça discussões entre pais, o fato é que nenhum fator isolado é responsável e, portanto, não há como evitar o que permeia todos os aspectos de nossa cultura. Bem ou mal, a cultura foi formada pela nossa geração e de alguma forma reflete os valores que quisemos defender. Se queremos melhorar o futuro de nossos filhos e netos, temos de partir da realidade tal como a temos e não como gostaríamos que fosse. Não podemos mudar a maneira pela qual a sociedade inteira aborda a sexualidade, assim como não podemos criar nossos filhos dentro de uma bolha.

É bom lembrar que, a partir dos 14 anos, os jovens têm mais do que nunca idéias próprias. Querer impor um comportamento ou conceitos com os quais não concordem é pedir para ser enganado, além de criar uma enorme distância entre pais e filhos.

VOTO DE CASTIDADE NÃO RESOLVE

Em pesquisa realizada pela Universidade de Columbia, nos Estados Unidos, ficou comprovado que a campanha de grupos religiosos pelo voto de castidade antes do casamento aumenta os riscos de gravidez indesejada e de doenças sexualmente transmissíveis.

O estudo de seis anos de duração acompanhando jovens entre 12 e 18 anos revelou que 88% dos que tinham feito votos de castidade tiveram relações sexuais antes do casamento. Após a quebra da promessa, o número de parceiros por período aumentou se comparado ao dos jovens que não tinham feito votos, mas os testes para detecção de doenças sexualmente transmissíveis foram feitos apenas pela metade dos rapazes e moças comprometidos com a virgindade. Além disso, apenas 40% dos rapazes que pretendiam casar virgens usaram preservativos nas relações contra 59% dos rapazes que não tinham feito votos.

Os pesquisadores concluíram que os jovens que se comprometem com a abstinência acabam tendo menor acesso a informações sobre sexualidade e DSTs, deixando de compreender a importância do uso da camisinha.

Fonte: *The New York Times* de 10 de março de 2004.

ALARMANTE ÍNDICE DE ABORTOS

Dos 53 milhões de abortos anualmente praticados em todo o mundo, 10% são realizados por adolescentes entre 15 e 19 anos, grande parte dos quais em condições absolutamente inseguras. Cerca de 10% das hospitalizações em decorrência de complicações do abortamento se referem a adolescentes, taxa que cresce a cada ano. Em torno de 10 milhões de brasileiras enfrentam uma gravidez indesejada, seja por falta de informação, uso inadequado dos contraceptivos ou falta de acesso a serviços de saúde. Os abortamentos resultantes são responsáveis por 9% das mortes maternas.

O que podemos fazer, além de fornecer informações corretas sobre gravidez, doenças sexualmente transmissíveis e camisinhas, é auxiliá-los a desenvolver seu pensamento crítico.

Por exemplo, se, numa novela, um personagem faz todo tipo de chantagem para que a namorada o atenda, podemos aproveitar o assunto e comentar com nossos filhos o poder das chantagens emocionais e os modos possíveis de resistir. Na situação de um rapaz insistir em transar com a namorada sem camisinha por argumentar que assim sente mais prazer, podemos perguntar o que eles fariam e colaborar para que se valorizem. Em vez de nos horrorizarmos com a idéia de que possam estar transando, podemos procurar modos de falar naturalmente sobre como muitas vezes as mulheres se colocam numa situação de fazer tudo pelo homem.

CAPÍTULO 12 _Marcelo Sodelli
A COMPREENSÃO DO USO DE DROGAS

Não há nenhuma fórmula mágica que possa garantir que os jovens, na sua longa jornada, nunca entrem em contato com alguma substância psicotrópica – a droga. O uso de drogas é um fenômeno multideterminado, ou seja, não existe apenas um único fator que determine se alguém vai ou não experimentar, usar ou tornar-se dependente de alguma droga.

PADRÕES DE USO DE DROGAS

São vários os padrões de uso:
- **experimentador** (utilizou uma ou poucas vezes),
- **eventual** (utiliza raramente),
- **habitual** (utiliza mais freqüentemente)
- **dependente** (uso compulsivo).

A passagem de um padrão para outro depende de diversos fatores, sendo que aproximadamente 80% dos usuários pertencem aos dois primeiros padrões.

Sempre que sou convidado para falar sobre drogas com pais de adolescentes, prefiro iniciar essa conversa dizendo que, por causa de sua multideterminação, o tema "drogas" é um assunto extremamente complexo, envolvendo aspectos variados: psicológicos, biológicos, morais, culturais, religiosos, econômicos. Este é um ponto importante.

Para iniciar nossa conversa da maneira mais franca e aberta possível, precisamos, antes de tudo, nos esforçarmos para deixar de lado nossos próprios pré-conceitos. E isso não é uma tarefa fácil para ninguém, pois somos constantemente bombardeados pela mídia com informações assustadoras, muitas vezes incorretas e tendenciosas, como se fossem verdades universais e imutáveis.

A BUSCA DO PRAZER

E de que maneira a mídia trata o tema "drogas"? Sem dúvida, de modo alarmista e sensacionalista. Acaba ressaltando aspectos negativos – como violência, tráfico, dependência – e esquece de comentar outros pontos. Será que o uso de drogas só tem aspectos negativos? Se isso fosse verdade, com certeza poucas pessoas procurariam essa experiência. Devemos perceber que quem experimenta uma droga não está procurando os aspectos negativos, mas busca de alguma forma o prazer. Podemos resumir esse prazer como um modo de alterar a consciência, uma alteração no cotidiano, do dia-a-dia, desde um relaxamento, uma excitação até uma alteração de sentidos.

A mídia parece fazer uma seleção prévia do tipo de droga que quer abordar. Por exemplo, muito se fala dos perigos das drogas ilícitas como a maconha, a cocaína e o crack, entre outras, e pouco se fala das drogas lícitas, como álcool, cigarro e remédios. Muitos pais se desesperam quando descobrem que os filhos estão experimentando algum tipo de droga ilícita, mas toleram e até esperam que seus filhos usem o álcool, considerando seu abuso, a bebedeira, uma fase normal e passageira da adolescência. Pela força da mídia em influenciar nossas idéias e comportamentos, desviando nossa atenção do que seria de fato o mais importante, acredito que, por mais que se publiquem livros sobre drogas, sempre é bom estimular essa discussão, revelando para pais, filhos e professores o outro lado da moeda.

Um modo equivocado de compreender o uso de drogas é categorizando como algo bom ou ruim, numa visão dualista: o Bem e o Mal. A droga em si não pode ser entendida nem como algo bom, nem como algo ruim, pois ela só pode ser compreendida e valorizada a partir do modo como é utilizada pelas pessoas.

É na relação do homem com a droga que se originam os modos de se lidar com o uso de drogas, ou seja, o uso medicinal, o uso recreativo, o uso abusivo, o uso compulsivo. Pensando dessa maneira, torna-se precipitado defender uma posição radical, pois ao assumir que em princípio sou contra as drogas, estou defendendo que uma substância psicotrópica tem em sua natureza o ímpeto de fazer mal a alguém. Além disso, será que existe realmente alguém que seja contra todas as drogas? Ou será que as pessoas são contra as drogas ilícitas?

AFINAL, O QUE SÃO DROGAS?

A definição mais simples de drogas é que são substâncias que provocam algum tipo de alteração no sistema nervoso central. Ou seja, alteram nosso estado de humor. *Grosso modo*, elas modificam nosso funcionamento mental de três maneiras:
- **Estimulando** – nicotina, cafeína, cocaína, crack, anfetaminas, ecstasy;
- **Deprimindo** – álcool, ansiolíticos, inalantes, ópio, heroína, morfina;
- **Perturbando** – alucinógenos, maconha, LSD, ecstasy, chá de cogumelo, ayahuasca.

A palavra grega *phármakon* embute o entendimento de que a droga é remédio e veneno ao mesmo tempo, não uma coisa oposta a outra. Essa definição nos ajuda a compreender por que a relação do homem com as drogas vem mudando ao longo da história. Por exemplo, até a década de 1930, era possível comprar cocaína nas farmácias brasileiras. Essa substância era utilizada como um potente revigorante, e ninguém era marginalizado ou excluído por usá-la. Nessa mesma época, o álcool foi proibido nos Estados Unidos pela famosa Lei Seca, que

Não podemos confiar plenamente nas informações veiculadas pela mídia, porque ela nem sempre reproduz informações balizadas no conhecimento científico, estando mais interessada em responder a outros interesses, geralmente de ordem econômica. Devemos sempre procurar checar uma informação, verificando o que dizem outras fontes sobre o mesmo assunto, buscando aprimorar o nosso olhar crítico perante o mundo.

punia rigorosamente quem consumia, vendia ou fabricava bebidas alcoólicas. Neste período, as pessoas que optaram por continuar a usar álcool sofreram muita discriminação e foram tratadas como os usuários de psicotrópicos ilegais de hoje. Também o café já foi droga ilícita, proibido na Rússia por meio século. Seu uso foi considerado um crime grave, passível de punição por meio de tortura e mutilação das orelhas.

Esses exemplos revelam que a relação do homem com as drogas não é estática e imutável, e muito menos que haja algum consenso mundial sobre como lidar com o uso de drogas. O que está claro é que os valores sustentados por uma sociedade influem diretamente nas idéias formadas sobre as drogas, sendo algumas substâncias consideradas aceitáveis e outras não, de acordo com o momento histórico.

LIÇÕES DA PROIBIÇÃO

Podemos tirar algumas lições das experiências passadas. Por exemplo, o caso do álcool nos Estados Unidos mostrou nitidamente como a proibição não resolveu os problemas decorrentes do uso de drogas. Na verdade, durante os dez anos de Lei Seca nos Estados Unidos, o que se constatou foi a proliferação do uso abusivo do álcool, do tráfico, da violência e da corrupção policial. Pela primeira vez na história, por causa da proibição e da intensa perseguição aos usuários de álcool, foram relatados casos de uso de álcool intravenoso.

Isso nos remete a um outro aspecto. Pensar na proibição do uso de drogas como uma medida educativa eficaz para nossos filhos é simplificar o problema.

Primeiro, porque a droga que causa mais prejuízo à sociedade é lícita: o álcool. Vale lembrar que a venda de bebidas alcoólicas é proibida para menores de dezoito anos, mas esta é uma restrição facilmente burlada pelos jovens. Fica claro que a mera proibição não impede que adolescentes usem álcool nem outras drogas, o que nos obriga a pensar em outras alternativas.

Segundo, por mais que existam esforços para erradicar a produção de drogas no mundo – como se sabe, já foram gastos bilhões de dólares nessa empreitada –, nos últimos trinta anos o tráfico, a corrupção e a violência só aumentaram, acompanhados do consumo desenfreado e abusivo das substâncias psicotrópicas.

ALTERNATIVAS

O que muitos especialistas apontam como a melhor alternativa para ajudar o jovem na sua relação com as drogas é abrir o diálogo. Ou melhor, cultivar o diálogo. Para isso, os pais precisam sair da posição proibicionista, autoritária e inflexível. O jovem, por sua vez, precisa perceber que pode contar com os pais, mas que com isso não corre o risco de ficar dependente desta relação para o resto da vida. Vou explicar melhor.

Sabemos que é na adolescência que os valores, opiniões e a autonomia são colocados à prova. Quer dizer, nessa fase muitos jovens sentem a necessidade se mostrar "resolvidos", donos do próprio nariz. Pela proximidade afetiva e por representarem a autoridade mais presente, os pais se tornam, em geral, o alvo preferido do ataque dos filhos. As idéias, as restrições e as proibições dos pais se mostram, para o adolescente, como algo que deve ser superado. Parece que o jovem sente necessidade de se apresentar auto-suficiente, ou seja, de não precisar mais dos cuidados maternos e paternos.

De fato, podemos pensar que uma das funções mais importantes dos pais é educar os filhos para que tenham autonomia. Assim, a criança deve ser educada desde o berço para assumir aos poucos os cuidados consigo mesma. Fazemos isso constantemente, em áreas como a alimentação, a higiene, o estudo, e também nas áreas mais complexas de respeito com outros seres humanos, de crença religiosa, princípios éticos e morais. O que os pais desejam é que seus filhos aprendam a distinguir o que é bom ou ruim para que não sofram, ou pelo menos sofram o

TRIPÉ DO USO DE DROGAS

- O aspecto pessoal engloba características individuais, como a personalidade e o temperamento, a história de vida, a carga genética.
- O social diz respeito ao momento histórico pelo qual passamos, o sistema político-econômico em que estamos inseridos, a constituição da família, os amigos, a cidade onde a pessoa mora.
- A droga varia segundo o tipo (estimulante, depressora ou alucinógena), a dosagem, o grau de pureza da substância, o modo de uso.

menos possível, considerando a complexidade da vida do ser humano.

É no meio de tudo isso que aparece o uso de drogas. De um lado, muitos pais vêem essa possibilidade como inteiramente negativa para a vida do filho. De outro, muitos jovens acreditam que não há problema em usar drogas. Por causa dessas duas posições opostas e igualmente equivocadas é que defendemos a abertura do diálogo. Não podemos supor de antemão que qualquer uso de drogas seja prejudicial. Também não podemos afirmar que não haja riscos em usar drogas.

O MEDO DA DEPENDÊNCIA

As pesquisas apontam que um dos maiores temores dos pais é que seus filhos se tornem dependentes. Para os pais, usar drogas é sinônimo de se tornar dependente. Este é o principal argumento dos pais para que seus filhos não usem drogas, principalmente as ilícitas.

Mas a experiência cotidiana dos jovens em experimentar e usar drogas, ou até mesmo somente em conhecer pessoas que usam drogas, revela que não há uma relação tão determinista e infalível entre usar uma droga e tornar-se dependente dela. Isso faz que a preocupação dos pais seja compreendida pelo adolescente como puro exagero, ou pior, como um desejo de controlar a vida dele.

A questão aqui não é dizer quem está certo ou errado, mas sim apontar o quanto pais e filhos estão distantes de um possível diálogo. Manter essas posições é criar um abismo na relação, impossibilitando o crescimento dos dois lados. É aumentar a vulnerabilidade dos adolescentes ao uso abusivo de drogas. Cabe aos adultos diminuir essa distância.

Como já falamos, o uso de drogas deve ser entendido como um fenômeno multideterminado e, justamente por isso, sem uma relação direta entre uso e dependência. Na verdade, devemos compreender o uso do álcool ou de qualquer outra droga considerando três fatores relacionados: o individual, o social e a droga. Chamamos esses três fatores de "tripé do uso de drogas", o que demonstra a impossibilidade de compreendermos o fenômeno separando a pessoa do meio social em que vive e da droga em questão.

A união dos três fatores desencadeia uma infinita variedade de comportamentos, desde um simples experimentar até um padrão compulsivo de uso. Por essa razão, é de extrema importância que os pais percebam que o uso de alguma droga não é uma sentença de dependência.

Pesquisas recentes revelam que a grande maioria das pessoas que experimenta ou usa algum tipo de droga não se torna dependente. Essas pessoas acabam orbitando entre um uso ocasional e habitual de consumo. Assim, devemos abandonar a idéia simplista representada pelo binômio do não usuário de drogas *versus* o dependente.

Por outro lado, não estamos de forma alguma dizendo, como pensam alguns jovens, que não há nenhum risco em utilizar drogas. Há riscos, e não são poucos. O que queremos alertar é que, o maior perigo de usar drogas não está em se tornar dependente, mas sim na possibilidade de a pessoa fazer um uso nocivo da substância, seja que droga for.

USO NOCIVO OU ABUSIVO

Fazer uso nocivo ou abusivo de drogas é se colocar em perigo, é não perceber quais riscos se está correndo no momento. Essa idéia é válida tanto para as drogas lícitas quanto para as ilícitas. Uso nocivo pode ser desde um pequeno exagero na dose quanto chegar à overdose, ou seja, ingerir uma quantidade que o organismo da pessoa não suporta, o que pode levar à morte. Alguns exemplos de uso nocivo são consumir alguma substância psicotrópica e dirigir um carro; trabalhar com máquinas; fazer sexo sem proteção; desrespeitar o limite do próprio corpo.

É interessante aplicar esse conceito a uma droga lícita, como o álcool, para perceber o quanto faz sentido. As pesquisas mais recentes indicam que 70% dos jovens entre 14 e 18 anos são usuários do álcool. Entre tantos milhões, sabemos que somente uma parcela pequena, em torno de 8%, irá possivelmente tornar-se dependente. Entretanto, o uso nocivo que os jovens fazem do álcool se aproxima dos 90%. Ou seja, quase todos os jovens que usaram o álcool relataram que já abusaram, pelo menos uma vez na vida, dessa substância.

Assim sendo, a maior preocupação dos pais em relação ao uso de drogas não deve ser em torno da possibilidade de seu filho tornar-se dependente, mas sim no modo pelo qual o jovem usa ou abusa de alguma substância psicotrópica, seja ela lícita ou ilícita.

EDUCAÇÃO EMANCIPADORA

Cabe aqui recuperar uma visão mais realista. Embora a grande maioria dos pais tenha a expectativa de que as drogas sejam erradicadas no mundo, o que extinguiria completamente essa preocupação, ao que tudo indica isso está muito longe de acontecer. Historicamente, podemos perceber que o uso de drogas é tão antigo quanto o homem. Desse modo, penso que os pais precisam aprender a conviver com esse fenômeno, educando os filhos para lidarem da melhor maneira possível com a presença das drogas no mundo, diminuindo os possíveis danos causados pelo uso nocivo de drogas.

É interessante notar que educar os filhos para lidar com responsabilidade no uso de drogas não é tão diferente de educá-los para lidar com outras situações de risco existentes no mundo, como atravessar uma rua movimentada, usar uma faca nas refeições ou dirigir um carro. A diferença está que nessas outras situações assumimos os riscos como fatos do cotidiano, como acontecimentos normais que, embora apresentem perigo, muitas vezes até de morte, somos obrigados a aceitar como se fosse uma condição do existir humano. Ensinamos as crianças desde pequenas a prestar muita atenção ao atravessar a rua, ter cuidado com facas, ser responsável no volante. E em relação às drogas, o que ensinamos?

A idéia de pedir para os filhos se afastarem das drogas, dizendo, como algumas campanhas preventivas preconizam, "não às drogas", não é suficiente. O caminho mais seguro e, com certeza, mais ético é o de encarar esse desafio de frente. Como diz nosso maior educador, Paulo Freire, o processo de educação se dá no diálogo entre dois seres humanos, um interessado no outro, nas necessidades e no mundo um do outro.

Os pais devem acreditar na educação emancipadora, ou seja, aquela educação que promove a autonomia nas escolhas, um posicionamento crítico perante o mundo, mantendo um canal aberto de diálogo entre pais e filhos. A educação que cuida pretende promover, tanto na criança quanto no adolescente, o despertar da própria potencialidade. Esse cuidado nem puxa para baixo, nem empurra para cima, apenas apóia.

UMA HISTÓRIA

Uma criança pequena passeia pelo parque com seus pais pela primeira vez. Depois de algum tempo, cria coragem e se solta das mãos deles. Começa a andar sozinha, com suas próprias pernas. Sua experiência é espetacular, nunca tinha sentido tanta liberdade, autonomia. Agora ela pode caminhar no seu ritmo, parar quando quer e até ensaiar um breve correr. Nessa euforia de liberdade, essa criança, ainda inexperiente, não vê um pequeno obstáculo à sua frente e cai.

Qual deve ser a atitude dos pais? Qual é a melhor atitude?

Você corre desesperado para ver se seu filho se machucou, dizendo que já esperava isso, sabia que ele não estava pronto para esse novo desafio e, de agora em diante, ele nunca mais poderá soltar da sua mão, porque se ele se soltar, vai correr o risco de se machucar outra vez? Se você agir assim, o que estará ensinando seu filho? A mensagem nesse caso é: você ainda não está pronto e precisa de mim, ou melhor, eu nunca vou deixar você ficar pronto, por isso você vai sempre precisar de mim.

Penso que a educação que cuida não deve ser de forma alguma isso. Acredito que a criança precisa de pais presentes, que a acolham na sua singular necessidade. Quer dizer, os pais podem olhar para o mundo da criança, respeitar a sua dor e apoiar sua decisão, seja oferecendo novamente a mão para a criança, seja deixando-a iniciar novamente sua caminhada por ela mesma.

Ser mãe e pai não é ter resposta para tudo, mas é ter disposição de ir buscá-la com os filhos.

USO DE DROGAS
Em 2001, uma pesquisa da Unesco com adolescentes estudantes das maiores capitais brasileiras revelou que:
- **92% nunca usaram drogas ilícitas**
- **10% tomam bebidas alcoólicas regularmente**
- **2% fumam maconha regularmente**
- **5% já experimentaram drogas ilícitas, mas hoje não usam mais**

autores

_COORDENADORA DA OBRA
SYLVIE ANGEL, doutora em psiquiatria, trabalha na área de psicologia infantil, tratamento de toxicômanos e terapia familar. Criou, em 1980, o Centro de Terapia Familiar Monceau, tornando-se depois diretora médica. Cofundadora, em 1993, depois vice-presidente até 1999, da Sociedade Francesa de Terapia Familiar de Paris. Publicou vários livros sobre drogas, relação entre irmãos e um guia para escolher terapeuta.

_PREFÁCIO E EDIÇÃO DE CAPÍTULOS BRASILEIROS
LAURA BACELLAR trabalha em editoras desde 1983. Começou na Editora Paz e Terra e já ocupou todas as funções editoriais – de produtora na Hemus à editora chefe na Brasiliense. Fundou e dirigiu o primeiro selo editorial inteiramente dedicado às minorias sexuais, Edições GLS. Já foi editora em casas pequenas, como a Mercuryo, e enormes, como a Scipione. Escreveu três livros como *ghostwriter*, e um com seu próprio nome, *Escreva seu livro – guia prático de edição e publicação*, pela Editora Mercuryo. Adaptou quatro obras infantis, *Robinson Crusoé*, *Drácula*, *Frankenstein* e *Rei Artur*, para a editora Scipione e tem uma outra obra no prelo, *Mini Larousse da educação no trânsito*, pela Larousse do Brasil. Especializou-se em editar livros de não-ficção para adultos, tema sobre o qual dá cursos regularmente para autores e editores em instituições como a Câmara Brasileira do Livro (CBL), Universidade do Livro, ligada à Universidade Estadual Paulista (Unesp), e Serviço Nacional de Aprendizagem Comercial (SENAC).

_REDAÇÃO DE NOVOS CAPÍTULOS E COMENTÁRIOS
CLAUDIO PICAZIO, psicólogo clínico especializado em sexualidade humana e psicoterapia de família e casal pelo Instituto Sedes Sapientae, de São Paulo. Consultor de projetos especiais da Secretaria de Educação, formando educadores e psicólogos em sexualidade para orientarem professores da rede municipal. Coordenador do módulo de sexualidade do Programa de Educação Preventiva da Prefeitura de São Paulo. Consultor do Programa Nacional de DST/AIDS do Ministério da Saúde com a função de acompanhar projetos de prevenção com adolescentes HIV positivos. Autor dos livros *Diferentes desejos – adolescentes homo, bi e heterossexuais* e *Sexo secreto – temas polêmicos da sexualidade*, ambos da editora Summus.

_REDAÇÃO DO CAPÍTULO SOBRE DROGAS
MARCELO SODELLI é psicólogo, professor universitário e doutorando no departamento de Psicologia da Educação, na PUC-SP, onde também pesquisa a prevenção do uso nocivo de drogas e forma professores sobre o tema. Foi coordenador da área de prevenção de drogas do Projeto de Educação Preventiva e Sexualidade (PEPS), promovido pela Secretaria Municipal de Educação de São Paulo, entre 2000 e 2002. Hoje dirige os projetos do Núcleo de Estudos e Temas em Psicologia (NETPSI), atuando em diversas instituições da rede pública e particular de ensino.

_ILUSTRAÇÕES
SOLEDAD BRAVI, diplomada em artes gráficas pela École Supérieure d'Arts Graphiques et d'Architecture Intérieure (ESAG), em Paris, foi diretora de arte de agências de publicidade durante cinco anos, antes de se dedicar à ilustração de revistas, entre elas *Figaro-Madame* e *Elle*, e à edição de livros para crianças.

_Colaboradores

Capítulo 1 | *Dos 11 aos 14 anos: o início da adolescência* por Claudio Picazio
Psicólogo especializado em sexualidade humana e psicoterapia de família e de casal

Capítulo 2 | *Dos 15 aos 21 anos: mais adolescência* por Claudio Picazio
Psicólogo especializado em sexualidade humana e psicoterapia de família e de casal

Capítulo 3 | *Heróis, ídolos e estrelas* por Jean-Paul Bertrand
Consultor especialista no relacionamento interpessoal

Capítulo 4 | *Colegas e amigos* por Jean-Paul Bertrand
Consultor especialista em relacionamento interpessoal

Capítulo 5 | *Escrever um diário* por Hubert Laplume
Escritor

Capítulo 6 | *Mitos sobre a adolescência* por Claudio Picazio
Psicólogo especializado em sexualidade humana e psicoterapia de família e de casal

Capítulo 7 | *Educação para a civilidade* por Claudio Picazio
Psicólogo especializado em sexualidade humana e psicoterapia de família e de casal
Capítulo 8 | *Espelho, espelho meu* por Marie-Lise Labonté
Psicoterapeuta corporal e conferencista
Capítulo 9 | *Anorexia e bulimia* por Corinne Antoine
Doutora em psicologia, professora do Instituto de Ensino da Faculdade de Paris VIII
Capítulo 10 | *Gravidez na adolescência* por Claudio Picazio
Psicólogo especializado em sexualidade humana e psicoterapia de família e de casal
Capítulo 11 | *A compreensão do uso de drogas* por Marcelo Sodelli
Psicólogo e professor universitário especializado na prevenção do uso nocivo de drogas

VIVA MELHOR COM O ADOLESCENTE
FOI IMPRESSO EM GUARULHOS/SP
PELA LIS GRÁFICA E EDITORA LTDA,
PARA A LAROUSSE DO BRASIL, EM MAIO DE 2005.